Small Teaching Online:
Applying Learning Science in Online Classes

如·何·设·计
线上教学细节

快速提升线上课程在线率和课堂学习参与度

[美] 弗劳尔·达比（Flower Darby）　　詹姆斯·M. 朗（James M.Lang）　著

中国青年出版社
CHINA YOUTH PRESS

图书在版编目（CIP）数据

如何设计线上教学细节：快速提升线上课程在线率和课堂学习参与度/（美）弗劳尔·达比，（美）詹姆斯·M. 朗著；黄程雅淑译.—北京：中国青年出版社，2022.9

书名原文：Small Teaching Online: Applying Learning Science in Online Classes

ISBN 978-7-5153-6588-6

Ⅰ.①如… Ⅱ.①弗…②詹…③黄… Ⅲ.①网络教学–教学研究 Ⅳ.①G434

中国版本图书馆 CIP 数据核字（2022）第102186号

如何设计线上教学细节：
快速提升线上课程在线率和课堂学习参与度

作　　者：（美）弗劳尔·达比　詹姆斯·M. 朗

译　　者：黄程雅淑

责任编辑：肖　佳

策划编辑：周楠楠

美术编辑：佟雪莹

出　　版：中国青年出版社

发　　行：北京中青文文化传媒有限公司

电　　话：010–65511272 / 65516873

公司网址：www.cyb.com.cn

购书网址：zqwts.tmall.com

印　　刷：大厂回族自治县益利印刷有限公司

版　　次：2022年9月第1版

印　　次：2022年9月第1次印刷

开　　本：787 × 1092　　1 / 16

字　　数：155千字

印　　张：13.5

京权图字：01–2020–6007

书　　号：ISBN 978-7-5153-6588-6

定　　价：49.00元

版权声明

CONTENTS

目录

CONTENTS

目录

CONTENTS

目录

确保所有学生参与学习

回想一下你刚成为大学新生时的场景，是不是一想到秋季入学时第一天的课程安排，你就感到兴奋、紧张，甚至有点不知所措。你不知道该期待什么，也不知道你是否有成功的希望。

你在打印出来的课程表上列出了大楼编号，但由于你是学校新生，不知道这些大楼的具体位置。你摊开褶皱的校园地图，寻找地标、大楼名称——任何可以帮助你确定自己是否走对了路的标志物。你想向别人问路，但你周围的所有人似乎都信心满满地走在自己要去的路上。显然，你是校园里唯一不知道怎么去到教室的人。

突然间，转过下一个转角，你寻找的这栋楼出现在眼前，你松了口气，就快到上课时间了，你大踏步走到门口，用力地拉了一下，但门丝毫不动。你感到既沮丧又有压力，难道学校会阻碍学生去教室吗？在最后的努力中，你绕着大楼的周边走，寻找其他入口，最后尝试的那扇门打开了，你终于进去了。

你找到了课程表上列出的教室，但眼前的一切只会让你更加绝望：

教室里没开灯，也没有人，书桌毫无道理地乱七八糟堆叠着。你不知道该坐哪儿，也不知道该怎么办，开始感到气恼。对于为第一天上课而一直紧张不安的你来说，这可不仅仅是大失所望，甚至是令人挫败、气馁、深受打击。

你重新下定决心，打开灯，在教室一角的桌子上发现一堆纸，心想里面可能有指示，或是换教室的通知。你走过去拿起一小叠，上面是课程的教学大纲，只是留在那里让学生自己去找到并阅读。

浏览一下这些页面，可以看到关于教科书、作业和测试日期的信息，除此之外，没什么其他信息。你还想更详细了解这门课程以及认课教师的情况，但没有更多信息。你灰心丧气地走出了教室，心想：这门课还开吗？如果还开课的话，面前障碍重重，又没有什么相应的帮助，这样如何学习？

线上教学面临的挑战

刚刚描述的场景看起来不可思议，很难想象它真的发生在现实生活中。新学期的第一天我们总是兴奋不已、活力满满，又有些许紧张。教师和学生们齐聚一堂，很有仪式感地进行开学第一天的活动：教师通过点名认识学生、介绍课程教学大纲和对课堂的要求、大家相互认识并建立初步的联系。

但这里描述的惨淡情景，是线上学生的普遍经历。线上课堂的学生甚至比现场上课更加紧张不安，这主要是因为他们中的许多人是离开校园以后又重新回到学校，但这并不是造成焦虑的唯一原因：当今的学生面临的额外挑战根据个人情况各有不同。北卡罗来纳州智库RTI

国际①的负责人亚历山德里亚·沃尔顿·拉德福德表示，我们通常认为的"非传统"学生正在迅速成为新的常态。在2018年9月接受来自美国国家公共广播电台的伊莉莎·纳德沃尼的采访时，拉德福德说，几乎四分之三的当代大学生有以下特征之一：入学时的年龄更大、有孩子或其他受抚养人、半脱产式上学、有全职工作，或者是家中长者的唯一看护者。大约三分之一的当代大学生面临着两到三个以上的挑战。

这些因素正是许多学生选择线上课程的原因。他们需要一个灵活的选择，以适应他们的工作和家庭义务。但是，同时应对这么多挑战也增加了参加线上课程的不确定性，他们很容易变得不知所措。

例如，许多刚参与线上课程的学生甚至很难找到学习管理系统（LMS）②的登录页面。即便他们找到了这个网站，也可能不知道自己的用户名和密码。如果他们找到网站并拨打客服号码寻求帮助，他们还可能会遇到一位因工作过度、压力过大而无法提供耐心且友好帮助的员工。以上任何一个环节出问题都会导致他们无法成功进入这个在线程序。即使他们成功地登录了学习管理系统，新来的学生也可能不知道如何进入虚拟教室。因为并没有明确的说明来指示学生需要点击哪些链接或互动程序（通常是缩写的课堂名称和令人困惑的章节代码）以进入线上课堂。

当在线学习的学生最终进入课堂，他们经常也不知道首先应该做什么。当大学生走进线下的教室时，他们却知道课堂的规范和惯例。

---

① 即RTI International，是一家独立的、致力于改善人类境况的非营利研究机构，总部位于北卡罗来纳州三角研究园。——译者注（如无特别标注，后文中的脚注均为译者注。）

② 即Learning Management System，是一种软件应用或基于互联网的技术，用来计划、实施和评估一个具体的学习进程。

社会学家杰伊·霍华德是《大学课堂讨论》一书的作者，他指出，在线下课堂上，学生们会自觉遵循他们在多年的课堂教育中内化的基本行为准则。他们坐在课桌前，朝着前方，等待老师进来开始上课。他在书中写道："在第一节课上，你会不会有这样的经历：来到指定的教室，发现一个学生坐在教授的桌子旁，或者站在讲台后面，准备开始上课？"如果你没有，那是因为学生们都很熟悉课堂教育的规范，这些规范决定了学生的座位、他们如何与老师和其他同学互动，以及学习过程中的许多其他方面。

这些熟悉的教育规范，大部分并不适用于网络课堂。教师和其他同学无法真实面对面地帮助指导或塑造在线学生的行为，学生不能像在线下课堂一样看到活生生的人，只能通过屏幕上的文字得到引导。他们可能不知道如何开始参与课程内容。如果他们是第一次接触线上课程，甚至可能无法完成一些看似简单的任务，比如在讨论区发帖、参加在线测验或查看自己的成绩状态，而且没有人能给他们提供实时帮助。

因为在线课程不能提供这些基本的帮助，所以我们不能怪学生表现不好。就像我在假想的第一天场景中描述的一样，系统障碍和缺乏社会支持会令在线学习者感到挫败、气馁、深受打击，让许多学生都想放弃。

坦白地说，许多教师也有一样的体会。

线上教学的发展

在线课程不会消失。《分数增长：追踪美国远程教育》报告显示，远程学习入学人数连续第14年增加，630万学生至少参加了一门在线课程，其增长速度高于过去几年的入学率。作者进一步指出，"现在，在校园学习的学生人数自2012年以来最少"。我们的学生正从传统的校内课程转向在线课程。

在线课程的增长对高等教育提出了一个新的挑战：培养教师以在线形式进行有效的教学。在网络上随便搜一下这个主题，就可以找到大量的资源帮助教师学习在线教学。这凸显了网络教学的新鲜感。许多线上教师并没有接受过如何做好线上教学的培训，当然，这种情况肯定会随着时间的推移而改变。但到目前为止，大多数进行线上教学的教师还没有经历过"学徒观察期"，这一短语由丹·洛蒂在1975年首次提出。他在2002年第二版的《学校教师》中描述了教师这一职业的独特经验。洛蒂认为，在线下课堂从事教学的新教师几十年来都在观察专业教师的教学，在普遍缺乏教师岗前培训项目的情况下，这些观察形成了我们教学方法的基础。

但我们中的大多数人都没有任何线上教学的经验，无法依赖"学徒观察期"。一组研究人员在最近一篇关于教师如何学习线上教学的文章中指出："因为许多远程教育者并没有作为学生参与过线上课程的学习，所以他们缺乏线上教学的模式或基准。"就算教师们参加过在线学习，那种经历也是有限的，不如他们常年参与线下课堂的经验丰富。所以，我们迫切需要一些培训项目来帮助教师们成功进行线上教学。

汉诺威研究院（Hanover Research）2018年10月发布的一份报告《在线教师发展的最佳实践》指出，各院校应为线上教师的专业发展制定一个重点明确的方法。北亚利桑那大学正在为此积极努力。在过去的几个月里，为了帮助教师具备在线教学的能力，我们对人们关乎在线教师的深层期望以及相应的支持模式进行了广泛的调查，领导层认识到，提供这种辅助支持将有助于许多教师更成功地进行线上教学，但其他机构的在线教师可能得不到类似的支持，因而对线上教学感到手足无措。

解决这种准备不充分的方法之一就是批判性地思考如何定义有效的教学以及怎样才是好的课堂。香农·里格斯观察到，教学采取的课堂形式并不会自动决定其质量，她在2019年出版的《线上课程的发展：大学教师的教学新方法》一书中写道：

"好的教学不是自然而然地产生于某种特定形式的课堂。一门校内的好课程之所以好，不是因为它发生在校内或传统实体课堂的环境中。同样，一门不好的线上课程之所以不好，也不是因为它是通过互联网上课。在任何学习环境下，要想获得良好的教学效果，都需要认真进行课程设计和推动。"

帮助教师为设计和教授有效的——不，优秀的——线上课程做准备应该成为教育开发者和机构领导层的首要目标。如果想成功地发展线上课程，像许多学院和大学所做的那样，以满足日益增长的对细致的、有趣的线上教育的需求，我们必须关注至关重要的基础性步骤，即帮助教职工在这个相对较新的学习环境中成功进行教学。

如果说教师们现在还没有为线上教学做好准备，那学生们也是如此。对于当今高等教育中各种各样的学习者来说，在线课程并不总是最好的选择。为了在线上课堂学好，学习者必须对自己的学习更加负责。这就要求学生具备自我管理能力，能够进行自我激励、保证学习进度、按时完成任务，等等。对于今天的许多学生来说，他们仍在培养这种能力。学生可能会因为线上课程时间灵活且方便而加入进来，但是对于那些缺乏自律能力的学生来说，在线学习的这些优势也会带来问题，导致他们学得不好。太多的灵活性可能不是一件好事。

那么成功的在线学习者的特点是什么呢？希瑟·考夫曼在2015年对线上课程中获得成功和满足的学习者进行了特征总结，发现了一些有助于学生进行线上学习的品质。考夫曼的综合研究表明，那些有条理、善于计划、善于管理时间、纪律严明、意识到需要在适当的时候寻求帮助以及适应力强的学生在异步的线上课堂上表现更好。这并不奇怪，这样的学生在面对面的课堂上也会学得很好。

但是，那些不具备这些品质的在线学生呢？我们能做些什么来帮助他们收获成功呢？

将轻教学技巧用于线上教学

本书旨在通过遵循《如何设计教学细节：好课堂是设计出来的》一书中概述的前提和原则，并将它们具体应用于线上教学，来帮助教师和学生获得成功。其实，当弗劳尔看到詹姆斯在北亚利桑那大学介绍《如何设计教学细节》时，就产生了写本书的想法。之后，弗劳尔马上就向詹姆斯提出了一个建议："我想和你一起为《如何设计教学细节》写一本适用于在线教师的版本。"詹姆斯立刻同意了，因为在他几乎每次演讲或研讨会结束时，总是有人问："我如何将书中提到的'轻教学'技巧应用到线上课程中？"

《如何设计教学细节》的首要前提非常简单：关注我们在教学中做出的日常小决定，这就是让学生能够在几乎任何可以想象的学习环境中成功学习的最好方法。詹姆斯在观察他的孩子参加体育运动的过程中发展出了这一理论，他注意到，小孩子在球场上不具备非凡的身体力量，这时，成功的教练就会带他们训练一些非常有效的、小的、基本的技能。

这一观点引起了许多教师的共鸣，他们在研讨会上告诉詹姆斯，学校常常要求他们根据最新的教育风潮来改进教学和课程，这让他们觉得压力巨大。对教学做出如此重大的、整体性的改变是一个耗时且令人生畏的过程，可能会导致两个不愉快的结果。首先，教师们经常会发现，对教学做出重大改变一开始并不顺利，这会让他们立即回到以前的教学习惯，影响未来创新的可能性。其次，做出巨大改变的前景看起来如此可怕，以至于教师们不愿意尝试，而是继续保持目前的做法。轻教学法试图通过让教师们进行一些小的、易于操作的修改来实现改变，而不必彻底改变他们现在的教学方法。

世界各地的许多教师都看到了这种方法的智慧，但其前提并不新鲜。相反，你会在其他许多思想家和不同领域的著作中看到这种轻教学带来的改变。例如，亚里士多德有一个著名的论断：一个宏大的道德行为并不能使一个人变得高尚；我们通过日行善事而变得高尚。《如何设计教学细节》出版后，一位生物学家对詹姆斯说，进化的过程通过微小的、渐进的变化给这个星球上的生命带来了巨大的变化。史蒂芬·柯维的《高效能人士的七个习惯》让我们看到小习惯而非"大动作"的作用。这类书籍的受欢迎程度说明，人们对通过小决定和行动来实现改变更感兴趣，而行为和态度上的彻底改变往往让人难以坚持。

而不论是《如何设计教学细节》还是现在这本书，都基于另一个重要前提：在教学中做任何小的决定时，我们都要以对人类学习的科学做过的最好研究为依据。近年来，这类研究数量大增。最初这类研究仅限于该领域的专家在实验室完成并在业内期刊上发表，但越来越多研究人类学习的科学家开始为高等教育教师传达他们的发现。你可以在《认知天性：让学习轻而易举的心理学规律》或《人类如何学习：有效大学教学背后的科学与故事》等书中，也可以在类似http://RetrievalPractice.org或http://LearningScientists.org的网站上找到这类研究，这两个网站为教师提供了优秀的资源和想法。

在《如何设计教学细节》中你也能读到这类研究。在那本书中，詹姆斯从这类研究中挑选出九个关键的学习法则，并用它们指导教师教学。他将这些法则分为了三个部分。为了帮助学生学会并记住基础知识和技能，他主张预先预测、记忆提取和交错式学习的重要性。为了帮助学生加深理解并培养更高水平的思维能力，运用的法则是建立知识联系、自我解释和随堂练习。调动学生积极情绪和树立成长型思维模式是激励学生的关键，在本书的第三部分中也有相关介绍。

利用通用学习设计法则解决学习障碍

通过阅读《如何设计教学细节》并熟悉书中提到的核心学习法则，读者能从"轻教学"理念中受益匪浅，能促进在任何环境下的有效学习，无论是面对面的还是在线的。但是，如果你已经读过《如何设计教学细节》（或者如果你现在就去读），你会发现它和这本书的不同：本书的章节主题与《如何设计教学细节》不完全一致。《如何设计教学细节》中提到的学习的科学法则在本书中贯穿始终，但由于线上教学有其特殊的机遇和挑战，本书制定了一套单独的法则来指导线上教学的有效变革。

本书和《如何设计教学细节》的另一个不同之处是，本书反复提到了通用学习设计（UDL）法则。许多高等教育专业人士用通用学习设计法则来帮助有学习障碍的学生学习，但《关爱每个人，教导每个人：高等教育中的通用学习设计》的作者托马斯·托宾和柯尔斯滕·贝林认为，这局限了这一理论框架的应用范围。在实际教学中，许多教师更关注线上教学内容怎么能被更多学习者看到，而不是去考虑其他教学形式和学习体验，因此，我们必须提及这一重要主题。

在审视轻教学策略应用于线上课程多个领域的过程中，我们将加深对通用学习设计法则如何帮助不同学生群体学习的理解。"除了尊重学生的种族、性别、经济和能力差异之外，我们还可以设计课程……扩大高等教育的覆盖面和效率。"

我们有充分的理由这样做，尤其要注意的是，通用学习设计法则提高了所有学习者参与教学内容和以他们喜欢的方式展示知识的能力：

"通用学习设计让教师思考如何创造与学生之间的互动，这样，不管学生在学习中面临什么障碍——时间安排上、网络连接上或者其他阻碍，他们都不必向老师寻求额外帮助。"

当重新思考通用学习设计如何帮助所有学生参与学习并取得成功时，我们看到了这种方法在任何一个课程设计决策中的价值，无论是线上教学还是线下教学。而且这两位作者提出的Plus-One设计模式与《如何设计教学细节》中提到的用一些小改变来提高学生的学习能力和参与度的教学方法完全一致。

我们将用通用学习设计法则来支撑书中所有的轻教学建议，并像《如何设计教学细节》一样，将本书中提到的学习的科学法则分为三个部分。第一部分聚焦线上课程的设计。第一章介绍了一个在传统课堂和线上课堂均适用的课程开发方法：逆向设计（Backward design）。一些新手和有经验的教师还没有听说过这种方法，所以本书会先以这个整体健全的课程设计方法来奠定扎实的基础。我们希望即便是经验丰

富的教师也能觉得这种综合性方式对课程设计有帮助，能在轻教学原则的指导下完成一项看似非常艰巨的任务。在第一章的基础上，第二章和第三章将探讨线上教师在课程设计过程中和整个学期的教学中都会面临的两个核心挑战：如何让学生更好地参与课程学习？以及提供哪些材料和工具来帮助学生学习？对于这两个挑战，书中提供了许多研究和技巧来帮助教师和学生获得成功。

第二部分讨论了网络课程中的人为因素。近年来，人们越来越多地关注线上教育的这一方面；然而，许多线上学习环境仍然需要改进，以便参与其中的人得到更多帮助，包括我们这些教师。解决这一问题的一个主要策略是在研究的基础上进行精心设计，在线上课程中营造一种集体归属感，这也是第四章的主题。第五章探讨如何提供有效的反馈，因为反馈是人们学习和成长的必要因素。在第六章中，我们承认线上课程中遇到的一个严重问题是退学率，书中会提供理论和策略，保持学生的到课率和参与度，让他们完成课程学习。每一章都有助于我们对学生的培养和帮助，让学生愿意来上课，愿意学习。

这本书的第三部分讨论了学习动力这一复杂问题。对于在线教师来说，创造和保持学生的学习动力是一个持续的挑战。不仅许多学生在激励自己坚持学习线上课程的过程中感到困难，许多教师也会面临类似的困难。很多人喜欢面对面的教学，但由于种种原因，他们参与了线上教学。线下课堂中有一些自然的便利因素，而异步的线上课堂中却没有。第七章和第八章着重通过培养学生的自主学习能力、与教学材料建立联系以及发掘课程内容与他们未来的学术和职业目标之间的关系，来帮助学生维持学习动力。事实证明这两种方法都可以提高学生的学习动力；书中会分享一些相关研究和可以解决这一问题的小改变。最后，在第九章中，注意力将转向教师，帮助教师找到激励自己继续学习和提高线上教学的方法。

我们对章节主题进行了精心的挑选和组织，希望解决线上教育所带来的一些独特挑战。没有一本书能涵盖网络教学中所面临的所有问题和机遇，至少无法深入地涵盖。我们对最有可能对线上学生的课堂参与和学习产生巨大影响的主题和策略进行了思考，将思考后的想法分享在这本书中。

这本书面对的主要读者是一直在成长的教师：有面对面教学经验、现在需要学习线上教学知识和技能的教师。

新手教师可能觉得将《如何设计教学细节》和这本书全部读完会受益匪浅；有线上教学经验的教师或转向线上教学的有经验的教师可能会被这两本书中的特定章节所吸引，这样也很好。《如何设计教学细节》中的每一章都是独立的，这本书亦是如此。如果你觉得时间有限（时间总是不够用的），那你可以从这里跳到解决你所遇到的问题的那一章，或者针对你正面临的教学任务的那一章。你会找到为线上课程量身定制的众多解决方案，并且立即实施。总之，你可以将本书当成一本对线上教学的独立介绍，也可以结合《如何设计教学细节》中的核心学习法则来读。

此外，本书中提出的建议还可以应用于混合型课程，即用线上内容和活动取代一部分传统的教室上课时间的课程。根据教育分析与研究中心（ECAR）2017年的一项研究，人们对于"混合型"有许多定义。如果你的课程至少有一部分是在学习管理系统中进行的，你就可以在书中找到一些想法来提升这些活动和互动的作用。

即使你的所有课程都是面授，你也很有可能要进入学校的学习管理系统。例如，在北亚利桑那大学，每一节课都会自带一个课程框架。教育分析与研究中心的研究发现，"教师使用学习管理系统最常见的就是进行操作性的课程管理功能。这些功能几乎不需要教师和学生之间的互动"。换言之，许多教师可能会在面授课程中使用课程网站来提供教学大纲和阅读材料、讲义之类的静态材料，很多老师还用成绩册来通知学生他们目前的成绩。请注意，这些都是学习管理系统的单向使用，只是用来向学生传递信息，而不是要求学生参与任何在线学习活动。这些平台相当强大，它们可以促进与学生的互动，这无疑有助于学生——当然也有助于老师——更加巧妙地利用课堂时间。继续读下去，你会找到一些小方法来调整你的交流，创建线上评估和活动，以充分利用课程的面授时间。

《如何设计线上教学细节》的结构

本书完全遵循《如何设计教学细节》中每一章的结构及其教学活动和技巧的总体指导方针。书中介绍的轻教学方法分为以下三类：

- **进行简短的教学活动**。异步线上课堂的独特之处在于，在课程结束之前，学生可能在任何时段活跃在课堂中。当然，这并不意味着你必须全天候在线。但你会发现经常在网络班级里露露面，或为学生设计一些快速学习活动，都会对学生大有裨益。我们将探讨几种与学生互动的方式，以及每次不超过10分钟的露面方式。你将从这些微小的时间投资中获得巨大的潜在收益。

- **对课程设计进行小的修改**。好老师总是设法改进教学。为了优化课程，我们会记录哪些方法有效，哪些无效，从而对整个课程和/或单节课时进行微调。在线上课程中也会延续这种做法。其实没有必要对线上课程的每节课进行彻底改变，这种做法也并不可取。但是，可以对每一次教学进行设计上的小改进，或者对新开发的在线课程进行细微的改进。这样做将会使你的线上课程越来越有效，学生能进行更深入的学习，你也能进行更准确的教学。

● **略微调整你和在线学生的交流方式**。在网上教学时，你可能不会优先想到沟通策略，但你应该考虑到这一点。在网络课堂，我们会遇到面授课堂上不会出现的重大障碍。首先，无论是对我们还是对学生，几乎没有实时反馈。其次，我们完全无法使用非语言交流的线索，除非在课程中巧妙地使用音频和视频（稍后将详细介绍）。说到这里，与线上学生进行有意识的交流的重要性应该就不言自明了。书中将探索一些不用费太多时间来改进交流的策略。

这本书的指导原则是：对课程设计和线上教学方式进行的修改不能太艰巨。相信你会在书中找到明天、下周或下学期可以采用的方法来促进学生学习。希望本书也能对你让线上教学产生积极的看法。你会发现，做一些小的调整会让你更享受线上教学，从而更有动力去继续改进线上教学，帮助各类学习者成功学习。

书中每一章都包括以下内容：

● 引言：我们首先举例说明在这一章中所描述的特定学习现象是如何在日常生活或教育环境中出现的。

● 相关理论：这一部分会简单探究支撑本章建议的相关研究。

● 教学模式：每章描述了四到五个详细的模式，用活生生的例子来展示教师如何将轻教学方法纳入其课程设计、教学实践或与学生的交流中。

- 准则：书中的教学模式无法涉及所有教学环境，但准则可以指导大家建立自己的轻教学策略。

- 即学即用小贴士：一些简短的提示，帮助大家用最简单的方法将本章提到的轻教学策略付诸实践。例如，当你需要获取参与式学习活动的快速提示时，请直接翻阅或回顾这一部分。

- 小结：最后对本章提及的主要理论和策略进行反思。

这样的结构设计是为了让大家可以选择不同的阅读方式。如果你有时间，并且想循序渐进地对线上教学进行彻底变革，那就从头到尾读完每一章。这样可以了解整个线上教学环境，确保在线轻教学策略尽可能得以成功实施。如果你只是想快速得到一些教学方法，可以直接阅读某一章节的即学即用小贴士部分，得到一些可以现学现用的实用方法。

小改变，大进步

《如何设计教学细节》鼓励我们"给新活动更多的时间来发挥作用"，也要给自己一些时间来成长。课堂活动很少在第一次尝试的时候就完美进行，你也不会一下子就成为一名成功的线上教师，能够迅速了解学生心声、设计出学习效果显著的线上课程。千里之行，始于足下：去尝试、记录有效和无效的方法，改进方法，然后再次尝试。坚持对这门课程进行改进，随着时间的推移，你的教学将超过最佳线上教育标准，成为线上教学示范课。

但是，正如詹姆斯在《如何设计教学细节》中说的那样，目标太大反而会令人生畏。相反，你应该关注当下。你在进行线上教学吗？还是你将在几天或几周后开始线上教学？如果你在读这本书，相信你会找到更有效的线上教学策略。

让我们一步一个脚印地提高线上教学水平。

第一部分

线上教学课程设计

回想你刚刚投身教学领域的时候，不管你教什么学科，可能除了教育或教师培训计划，几乎所有学科都没有对新手教师提供相关教学的培训。

大多数新教师在形成自己的课堂风貌和教学方法时，都依赖于学生时的经历，以及对同事课堂教学的观察（如果我们去观察了同事的课堂教学的话——但教学是一项出了名的孤军奋战的事业）。

那么我们是如何学会教学的呢？以前教过这门课的老师可能会提供教学大纲，然后我们根据教过这门课的老师的选择或自己学生时代的使用情况来选择一本教材。选好课本后，我们开始梳理手头上得到的教学大纲，借鉴多方资料，根据自己的喜好进行调整，并确定了主要作业和考试的截止日期。我们可能只能做出这些宏观规划了。我还记得第一次教授文献调查课的时候，我心想：总共200节文献调查课，需要提交两篇论文，参加一次期中考试和一次期末考试，这些就是我要做的。回头看看，这似乎并不是对课程的有效规划。

　　说句公道话，一旦选定了教材并粗略拟定了课程成绩评估方式，大多数老师就会竭尽所能去对课程进行整体规划，让学生学有所成。在与大学教师共事、指导和培训他们的这些年里，我从来没有遇到过随意上课、课程前后缺乏逻辑、阅读和测试之间毫无联系、没有中心组织原则的老师。我们布置阅读资料、视频和其他内容来帮助学生为考试、论文和项目做好准备。我们对每一节课的内容和家庭作业进行规划，希望能帮助学生理解课堂上讲到的概念。我们甚至提供学习指南、评估准则和其他材料来帮助学生获得较好的成绩。这么做的出发点虽然很好，但我们经常并没有想清楚到底为什么让学生完成我们布置的任务。

　　因为明确课堂教学的目的是教学的基础，所以在第一章中，我们将更深入地探讨逆向设计。这个框架能帮助我们有目的地教学。可能你第一次听说逆向设计，可能你一直在实施逆向设计而不自知，或者你可能非常熟悉这种方法。不管你对逆向设计的了解程度如何，我们都会探讨如何进行目的性更强的线上课程设计或规划，以及如何使用轻教学策略，加强线上课程设计并让学生对教学目的更明确。

　　第二章将探讨如何通过精心设计的在线课程来指导和帮助学生学习，确保他们清楚地了解每个课程组成部分的教学目的。在面授环境中，我们经常有非正式的机会提醒学生课程的整体规划以及某个教学内容或评估测试在其中的作用。我们可以定期干预，检查学生对教学内容的理解情况，即时回应学生关心的问题和疑问，并在整个学习过程中给予学生支持。但在线上课程中，学生会感到脱离了这些基本的学习支持。第二章提供了一些轻教学方法，可以帮助学生清楚地理解课程的目的及其所有组成部分。它还提供了一些模型，可以帮助你监控学生的学习进度，并在学生最需要帮助的时候提供干预性支持和指导。

在探讨了如何有目的地设计课程，以及如何建立支持学生学习的教学结构之后，在第三章中，我们将研究如何有目的地为线上课程选择技术和媒体工具。我们使用的工具和媒体构成了课程体验的很大一部分，但很容易陷入一开始授课时陷入的那种默认思维。也许系主任把其他人的线上授课内容给你用，所以你坚持使用那些已有的课程内容和工具。也许你没有那么幸运，并没有榜样可循，也接收不到什么指导，所以你根据自己对课程内容想当然的猜测创建了线上课程。也许你已经进行了一段时间的线上教学，一成不变地使用着相同的技术。不管你属于哪种情况，我们都会对一系列轻教学问题进行研究，来帮助我们对使用的工具和技术以及为什么用它们进行全盘思考。

学习不是偶然发生的，成功的、有吸引力的线上课程也不是恰巧出现的。设计线上课程是一项艰巨的任务，但再艰巨的任务也必须从小处着手。

第一章

明确课堂教学目的

新教师的课堂思考：上课前先做好整体计划

离上课只剩几分钟的时候，我猛地推开了英语教学楼的门，和几位同样快迟到的学生一起，匆匆上楼，来到二楼的一年级作文课教室。离八点只剩几秒钟的时候，我到达了敞开的门口，冲进教室，裙摆飘扬在身后（好吧，不是字面意思，但你能体会我的意思），就像《哈利·波特》中斯内普冲进地下魔药教室一样。

我把教授风格的皮包放在教室前面的桌子上，坐在讲台后面，拿出考勤本开始点名。那些困倦（或无聊）的学生——很难区分他们是哪一种——轮流回答"这里"，偶尔应答（为了变化）"到"。

之后，我打开学院规定的活页本，上面记录了我每天的课程安排。一边翻阅着这仓促写下的不完善的课程安排，一边慢吞吞地说："让我看看，这里……呃……"试图回忆那天课堂上要做什么以及那样做的原因。

每——一——天！我初次教学的那个学期，每一天，我都会以很没劲的话开始上课——学生在期末告诉我的（我自己并没有意识到）。上课时间是早上八点，每周四次课。每天，我都跑进教室、点名，然后一边说，"让我看看这里"，一边回忆当天的课程安排。对于我的教师职业生涯来说，这可不是一个好的开头。

我时常反省自己在那个学期的表现。当时我才22岁，每天早上都要面对讲台下一群闷闷不乐的18~19岁的年轻人。我后来意识到，他们的闷闷不乐可能与我的教学有关。我惊讶地发现并不是每个人都喜欢写论文，不是所有人都能在书面表达中得到快乐和满足。

不知怎的，我挺过了第一个学期。在第一天上课之前，我和其他新手助教一起参加了几天的培训。学期开始后，我们每周见面继续学习如何教一年级作文。我们会讨论教学内容，写作业，有时甚至是讨论教学方法，却从未讨论过课程的总体目的。课程的目标是什么？当然，我们希望学生成为更好的作者。但这个"更好"是指哪一方面，又是为了什么目的？是为了找工作、成为小说家，还是在商务工作中写出更好的备忘录？

因为我对这门课的具体目的没有清晰的认识，所以我对如何将课程元素组合在一起没有清晰的概念。这门课看起来像是不同内容和练习的大杂烩——作业、课堂活动、评分——每一部分都是孤立的。但是，是什么把它们联系在一起的？例如，为什么要这么布置和安排论文？同学相互评议的目的是什么？为什么选择这些课程阅读材料？以上问题我都不清楚。

我怀疑许多老师都是像我一样学着教课的：靠自己的直觉。当然，我们的教学优点是灵活、机智，每个成功的教师都必须学会在课堂上即兴发挥，但这并不意味着我们不需要先有一个健全的、系统的、目的明确的整体课程计划。有了这样一个计划，我们就可以在精心设计的课堂内容范围中自由发挥，就能回答上述提出的所有问题。

此处要提到逆向设计。

相关理论

逆向设计：先确定教学目标再选择教学内容

假设你在计划暑期自驾游。你会有一天跳上车，漫不经心地把车随便开到哪里吗？比较富有自由精神的人可能会尝试这样做。但大多数人都会先定好目的地，再制订具体计划来帮助我们到达那里。我们会考虑各种旅行路线，并做一些研究来选择途中停靠点：在哪里休息、吃饭或锻炼？在哪里过夜？要带哪些物资和工具来保障旅途顺利？如果是去海边，是不是需要带沙滩椅和防晒霜？如果是去登山，是不是需要带登山靴和登山杖？

很少有人会不考虑要去哪里，如何到达那里，以及途中需要什么就开始一段旅程。

格兰特·威金斯和杰伊·麦克泰格有一本著作叫《追求理解的教学设计》。他们在书中提出采用类似的方法来设计教育体验。他们建议在开始一门课程的教学时，先考虑课程的目的。如果你不熟悉这本书，我强烈建议你先读一读它再去上下一次课，因为这本书中提供了许多将理论付诸实践的有用策略。

《追求理解的教学设计》的论点概括起来就是：在进行课程规划时，我们应该首先把重点放在为学生设定的基本目标上。威金斯和麦克泰格将这些目标称为我们希望学生从课程中获得的"持久理解"。他们解释说，为了实现持久的理解，这些目标应该"在时间的推移和文化的转变中依然存在，因为事实证明它们是如此重要和有用"，而且它们应该"在学生的头脑中持久……应该以某种方式让学生获得这种持久的理解，让它们不会随着单元学习的结束或测试完成而被忘记"。我们必须在确定了深层次的学习目标之后，再来确定课程内容、教学方法，或者成绩评定方式。一切都必须以让学生获得持久理解的目标为基础；这些目标才是教学设计的源头。在课程规划过程中，新教师通常先选择课程内容：用什么教材和授课材料。逆向设计要求他们先确定教学目标再来选择教学内容。

对一门课程进行逆向设计时，你可能要考虑以下三大问题的答案，它们均源于自驾游的类比：

● **我们要去哪里**？课程的主要目标是什么？我们希望学生在学期结束时获得什么知识或能力？这应该是我们思考课程学习目标或结果的基础。刚迈入教师职业生涯的时候，你可能并不清楚课程大纲上列出的学习目标实际上是什么意思。也许教学大纲或课程框架都是别人给你的，或者你只是随便想了一些目标来填写学校要求的课程模板。使用逆向设计方法时，我们会仔细考虑课程目标，也就是我们希望学生学会什么知识和能力。这会让我们放慢脚步，思考课程目标的实质内容以及如何描述它。

● **怎么知道我们是不是到了目的地**？一旦明确了课程学习目标，就必须衡量学生对这些目标的实现情况，以确定他们是否达到了这些目标。我们通过总结性评价和形成性评价来实现这一目标。总结性评价，如期末考试、论文和项目，能够展示学生对课程学习目标的掌握情况。形成性评价，如低风险的测验或每周反思，有助于我们了解学生是否在进步。安排一些目的明确的方法来检测学生是否达到了课程预期目标，这是良好课程设计的关键部分。

● **需要哪些装备帮助我们到达目的地？** 在确定了目的地和衡量过到达目的地的有效方法之后，逆向设计中最后一个核心步骤便是考虑学生需要什么才能获得好的成绩。做这一步时才是我们（最终）选择教材和其他教学内容的时候。设计一些活动，帮助学生接触和理解新的信息和概念。设计阶段性的课程时间表，通常以循序渐进的任务截止日期或形成性评价的形式让学生对自己的学习负责，也能让教师在学习过程中对学生的表现进行反馈。这样做，我们就能帮助学生朝着目的地稳步前进，即实现课程学习目标。

我们在这里只是介绍了逆向设计法的大概框架，因为它的核心概念相对来说比较容易理解。

本章的真正目标是帮助你确保所做的逆向设计能对学生产生预期效果。在面授课程中，你和学生交流的时间很多，有很多非正式的机会让他们了解课程的宏观目标、将课堂活动与课程学习目标联系起来，并告诉他们为什么设计这些评价方式。在线上课程中，你也可以把这些内容写给学生看，但是当学生通过屏幕查看时，他们可能会直接去看你的课堂要求而忽略这些内容。因此，线上教师需要做更多工作，以确保学生了解学习活动背后的目的。他们需要让逆向设计浮出水面，在整个学期中以多种方式被学生了解。

本章中的轻教学策略将确保你精心设计的课程能让学生看到你为他们树立了有意义的目标，向他们展示评价活动将如何帮助他们实现这些目标，并确保——无论是对你还是对他们来说——所有的课程内容都是以目标为基础的。

教学模式

如何保持学习课程要素与学习目标的一致性

逆向设计理论的基础是一致性。课程材料、学习活动、成绩评价和目标都应该一致。换言之，一门课程的每一个要素都应该与学习目标保持一致，并为目标的实现提供支持。你努力在精心设计的课程中建立了这种一致性，但重要的是要让学生看到，否则他们可能看不到某些工作的意义。帮助学生理解他们要做什么及其价值所在，对线上课程来说尤为重要，因为你无法像在线下课堂上那样实时发现学生的困惑并回答与任务相关的问题。本章提到的轻教学策略将有助于阐明课程学习和评价活动以及每个活动的目的，使逆向设计的线上课程对学生的学习产生最大的积极作用。

● 从第一周开始为最终评价努力

线上课程的挑战之一是，一些重要的作业可能会被埋没在众多单元的众多文件中。我知道很多学生在线上课程快结课的时候震惊地发现，不知何故，他们没有看到课程大纲或课程网站中讲到期终论文、项目或考试的那一部分。在完成了大部分课程内容的学习后，他们突然遇到了一个意料之外的主要评价活动。

当然，学生们有责任完整阅读教学大纲，熟悉整个课程网站上的内容，甚至查看最后一周才要提交的作业。我们甚至可以帮助他们做这些。例如，我们可以做一个针对教学大纲的测验，来保证学生阅读并理解课程要求。但是，对于学生来说，全面"看清"一门线上课程的方方面面还是很困难的，尤其是当他们已经进入学期中期，还学习着其他课程。有太多的材料需要他们查看，而我们又无法聚在课堂上一起回顾重要细节。我们可以发电子邮件，发布公告，或者以其他方式请求学生注意课程要求，但这些方法可能还不够。

我们可以从一开始就鼓励他们有意义地参与期末评价（这可能比任何其他评价更重要），而不是监督学生的遵守情况。如果你在网上教过一段时间课，你就会知道，忙碌的在线上学习的学生往往会跳过任何不需要他们负责的任务。例如，如果没有任何加分，学生可能不会阅读你发出的有用的公告、观看你提供额外指导的视频，甚至不会阅读你的作业反馈。

了解了这一点，在教学第一周创建一个线上活动，要求学生熟悉最终评价，更重要的是，为最终评价做些准备。可以让他们在网络论坛上分享对于期末项目的初步想法，或者让他们在讨论区对期末考试的要求提出至少一个问题——这样，其他人也可以从帖子的答案中获益。也可以进行一次模拟期末考试的低风险测验。还可以让学生阅读期末论文说明，提交一份简短的书面作业，用自己的语言描述任务目的和要求。

这种模式很符合《如何设计教学细节》中提到的原则之一。在那本书中，詹姆斯提到一些证据表明，在学生准备好之前，就让他们尝试学习任务可以获得显著的认知益处。换言之，我们经常认为必须先教会学生知识和技能，再给他们任务来运用这些知识或技能。但是学习的科学的研究告诉我们，要求人们在学习新东西之前完成任务能让他们更有效地学习。《认知天性：让学习轻而易举的心理学规律》一书的作者是这样解释的："当尝试解答一个问题却失败时，一旦答案被提供，将会促进对这一答案深入的理解。"换言之，在学期初给学生一项认知任务，他们就需要在学习相关技能之前先完成这项任务，这样其实为接下来整个学期的学习创造了"肥沃的土壤"。

因此，"从第一周开始为最终评价努力"这种教学模式既有认知上的好处，也有元认知上的好处。它能让学生更了解课程的主要评价，帮助他们对课程学习进行规划，促进他们更有效地学习。

然后，还可以考虑在第一周布置一个（低风险）给予评分的作业，让学生预览期末考试的模式、对期末评价的要求有一点了解，并让他们开始对期末评价进行思考和努力。以目标为导向，并要求学生了解期末评价，同时，也要告诉学生为什么要求他们这么做。他们会感谢你的信息公开，并且当他们从一开始就看到课堂活动与课程评价相关时，会更积极地参与其中。

● 明确课堂活动的目的

用逆向设计法开发线上课程时，每一个课程设计上做出的决定都有因可溯。以具体的、可衡量的课程学习目标为导向，你会建立可以让学生展示自己的学习目标完成情况的课程评价方式；你会选择阅读资料、视频资料和学习活动，让学生学习新知识，练习使用和应用这些知识，最后再进行评价；你会写课程说明给予学生明确的指导，让他们知道应该做什么以保证成功完成学习活动、作业和课程评价。

你自己非常清楚，这些决定背后都有合理的、经过深思熟虑的理由，它们都是对课程学习有意义的。但学生们并不清楚，他们可能，并且极有可能，不知道你为什么要求他们做这些任务。

因此，你应该在线上课程中定期让学生充分了解你做这些决定的理由。在这一原则的指导下，你在整个学期中会自然定期使用到一些轻教学方法。

例如，**在每个在线模块或单元的开头，用简短的文字介绍该模块的内容、学生的学习任务，并解释他们为什么要这样做**。我喜欢在每个模块的开头用两到三句话来概括本模块，解释模块内容和活动将如何帮助他们学习（或者更长远地说，帮助他们实现学术上和职业上的目标，成为更好的员工、更好的公民），并列出与课程学习目标一致的四到六个单元学习目标。

在列出学习目标的时候，你可以以"学完本单元后，你将能够……"这样的话开始，然后用项目符号或编号一项项列出学生在完成本单元学习后将学会的具体技能。在每个模块的开头以简短的书面形式提供这种指引，让他们明确知道本单元学习任务存在的理由。或者，除了文字概述之外，你也可以根据通用学习设计的原则，对每个模块进行快速视频介绍。

在整个课程中，通过有意识地定时发布公告，强化课堂活动背后的原因。视频公告非常适合这一点。文本通知也是一种选择，但根据我的经验，比起阅读大段文字，学生更倾向于点击并查看（简短的）视频缩略图。

大多数学习管理系统都包含本机或第三方集成工具，可以让你快速录制自己对着摄像头说话的网络视频。智能手机上的视频软件也使得录制和上传此类日常视频变得相对容易。**研究表明，学生喜欢能够展示你个性的课堂视频**。不要过分看重要把视频制作得很专业，这涉及视频剪辑技能，而你可能不会。准备一些要点，进一步解释参加那周课堂作业的目的和原因。分享一些例子、讲一个故事，来说明你的教学思想，或者描述一下你刚刚看到的与那周教学内容相关的视频或博客文章。记得为任何线上课堂上使用的视频提供文字说明、文字副本或基于文本的大纲。然后附上吸引你的这个媒体或新闻内容的链接，它同样可能吸引你的学生。

● 明确课后作业的目的

同样地，你很清楚布置每项作业背后的原因，但学生并不清楚。所以，同样要对作业进行说明，告诉学生为什么要布置这项作业，并说明一份合格作业的要求。你还可以告诉他们这项作业与当前学习模块和课程学习目标之间的联系。

约翰·华纳写了两本关于写作教学的优秀书籍，他在《作家的实践》一书中提到了一个很好的模式来进行作业说明。这本书中有许多你可以布置给学生来提高他们写作水平的作业样本，他把这些作业称为"体验"。每一份作业都有文字解释，其中包含四个核心要素：读者是谁？写作的过程如何？有哪些反思？如何做修改？当他引领学生思考作业的这些核心要素时，会大大帮助学生理解这次的写作体验能教会他们什么。例如，学生可能在学习如何针对不同的读者进行散文写作，或者学习如何对写作原稿进行更仔细的评估。不管学习目的是什么，他们都能从华纳安排的作业和作业说明中有所收获。

玛丽·安·温克尔姆斯研究了我们所说的目的公开的作业设计的影响。在她的努力下，她建立了目的公开的高等教育教学项目，提供了大量关于这种方法如何帮助学生学习的数据，还有许多案例和支持材料帮助你在教学中实践这种方法。

用了类似华纳和温克尔姆斯提出的方法，我的教学有很大进展。从20多年前我刚开始教大学一年级写作课起，丈夫就一直是我在教学上的咨询师和设计师，他帮助我开发了一种方法，我已经使用了很长时间。我发现这种方法在线上课程中特别有用，学业繁忙的学生需要简短而全面的信息告诉他们有哪些学习任务。作为以上方法的变体，我在这里也介绍一下这个方法，你可以在此基础上进一步思考自己的作业说明可以做成什么样。我丈夫的建议是，用一个简单的模板来制作线上作业、论坛或项目的说明。现在，我在给学生的说明中会使用以下标题：

作业要求：说明任务内容。

作业目的：解释这个任务对大家课内外学习的帮助。

如何完成：提供详细的指导、评估准则、任务完成清单和范例，帮助学生清楚地看到并理解我的期望。

在面授课堂上，你会口头传达这些指引和解释，但不知道为什么，老师们在线上课堂上经常忘记告诉学生这些信息。制作作业说明，清楚地传达每个作业的内容、原因和方式。这样做你将会得到两个重要的回报：学生对于作业的提问会减少；学生在作业表现上会更好，让你看到他们确实有所收获。

● 对学习进行反思

对学习进行反思是使学习持久的一个重要部分。回顾《认知天性：让学习轻而易举的心理学规律》，书中提到了反思的多重认知益处：

> 反思会激发多种认知活动……这些活动会加强学习。这些活动包括：记忆提取（回忆最近学到的知识），升华（例如，将新知识与已有知识联系起来）和产出（例如，用自己的话重新表述关键思想或者想象并在心中演练下一次遇到同样问题时你的解决办法）。

此外，反思是进行自我学习管理的关键部分，是学生应该培养的关键技能。要求学生在课程学习期间时不时回顾学习目标是建立反思的完美方法，同时也能促使老师对课堂进行有目的的设计。

例如，**在课程的第一周，让学生对教学大纲中规定的课程学习目标进行反思并作出回应**。在高等教育中，我们通常默认布置书面作业，但你也可以通过音频或视频来请学生进行反思，这符合通用学习设计原则，而且一些学生可能会更愿意用这种形式反思。海斯顿学院的教师凯伦·谢里夫·莱文和玛丽莎·E.金认为：

> 因为我们经常依赖写作作为元认知反思的主要模式，一些学生，尤其是那些写作水平不太好的学生，可能体会不到反思能带来的所有认知益处。对于这些学生来说，写作的压力会影响他们集中精力去反思。

他们提倡**使用简单的音频反思任务，鼓励进行更加非正式的、压力不那么大的反馈任务**。

许多学习管理系统和广泛使用的第三方工具有助于此类媒体的录制。另外，总有学生更喜欢写作而不是录制音频。你可以允许学生选择以书面形式或录音形式提交他们的反思，以兼容不同学生的偏好。重点是让学生仔细思考他们将在这门课上学到什么。

要求学生对学习目标作出回应也可以确保他们充分理解学习目标。如果学生的反馈不清不楚，那就表明你需要对这些目标进行进一步的解释。但是如果要求学生对所有学习目标做出反馈，他们可能会觉得任务艰巨。**你可以让他们选择一些最感兴趣的目标、对自己最有价值的目标，或者最关心的几个目标来进行反馈**。许多学生甚至不会阅读课程学习目标，因此要求对部分或全部目标做出书面或录音反馈，有助于他们从一开始就参与这些目标。

你也可以**定期回顾和反思模块学习目标**。在我教的研究生计算机技术线上课程中，在每个模块结束时，学生要回答一系列问题。其中一个问题就是要求他们列出每个模块的学习目标，并写下他们在那一周取得的进展，每一项学习目标之所以重要的原因，以及他们需要做些什么来推进这方面的学习。学生就每个目标写一两句话。学生不需要花太多时间来写，老师也不用花太多时间去批改，但这项任务会极大地促进学习。实际上，学生必须阅读、关注并思考该模块的学习内容，以及这些内容对实现课程目标的帮助。一开始，学生有些抗拒这个任务，但一旦他们习惯了这种做法，就会乐于有这种机会对学习活动及其原因进行积极思考。

只要稍加思考，你就可以找到许多方法来不断让学生关注学习目标。这样做能够培养自知且善于学习的学生，让他们在无论线上课程还是面授课程学习中都更加成功。

● 温故而知新

在课程结束的时候创造一次机会，让学生思考自己学到了什么，这样可以让以上方法的作用进一步扩大。作为课堂的结束活动，从每周或模块的学习目标中跳出来，从高层次上看一看学生之前的水平，看看他们取得了哪些进步。加强他们的学习，巩固重要概念，进一步激励学生成为终身学习者。

一种方法是回到第一周的教学活动。如果你布置过让学生回顾教学大纲的作业，让他们反思并写下或谈论课程学习目标，那么，让他们回想自己当时的想法。问他们的学习目标是什么？他们达到目标了吗？为什么达到了或者为什么没达到呢？在学习过程中什么方法作用显著？什么方法会对他们帮助更大？即使是在集中四到八周完成的线上课程中，学生也能获得很大的进步。让他们看到自己的进步，但更好的方法是引导他们发现自己的成长。根据这些问题的回答，你也可能得到建设性的反馈，帮助你改进教学。无论哪种方式，你都将帮助学生培养重要的反思能力，这将使他们在任何新的学习环境中受益，无论是个人发展上、学术上还是职业上。

我最喜欢的方法之一叫"三个收获"，这个方法既能达到上述目的，还能帮助学生去发掘这门课程对于自身的价值和联系。**让学生想想他们在课程中学到的三件最重要的事情。**问问他们将如何继续这方面的学习，以及如何将其应用于未来的学术、工作、志愿工作或家庭生活中。他们可以通过日记条目、博客、书面作业、录音或录像等形式提交到课堂讨论区。

仔细想想，是个人的、私下的反思最好，还是让学生以更公开的方式了解各自的见解更好？如果是线下课堂，你会要求学生把想法写下来，在下课的时候交上来吗？还是会组织一个"思考—讨论—分享"的活动，让全班同学都参与讨论？想一想公开反思和私下反思的区别，这一点很重要。想一想你的活动目的，然后决定是让学生私下提交还是让他们说出想法来供全班交流、讨论效果更好。

准 则

让学生对课程设计充分理解

让学生看到你对课程进行的有目的的设计，并且让他们从这种设计中受益，这么做有很多好处：当他们知道为什么设计这样的学习任务、这种设计能在课程学习或其他环境中给予他们怎样的帮助时，会更加积极地参与。更高的参与度会带来更有效的学习。以下是一些可以指导你进行课程设计的原则：

● 以目标为导向

这只是一个基本的逆向设计：在规划过程的每个阶段都要明确最终目标是什么。清楚地告诉学生他们的学习目标，计划一个最终评价来衡量他们是否达到了目标，然后批判性地思考他们在这一过程中需要什么：用阅读材料和媒体内容来讲解知识；用循序渐进的任务和评价作为指引，让他们了解自己是否在进步；用学习活动和作业帮助他们在最终测验之前应用新知识。总之，给学生提供必要的学习工具和材料，帮助他们成功完成学习目标。

● 时常提醒学生教学内容和活动的目的

使用书面说明、视频通知和每周提醒，帮助学生清楚地了解课程活动和评价背后的目的。这些提醒可以达到两个目的。

首先，它们帮助你充分考虑课堂作业的目的，提醒你布置这些阅读材料和任务是有原因的。学生经常抱怨说线上课程的作业太繁重，时刻谨记目标可以避免给学生布置繁重的作业。

其次，这些提醒还有助于保持学生的参与度。经常告诉学生这些任务都是有意设计出来帮助他们学习的。当他们看到作业与课程内容有关，以及一切课程要素之间相互联系时，他们会更愿意完成这些活动和评价，进行有效学习。

● 向学生指明核心目标

对线上课程进行精心设计。为了让你的努力获得最好的效果，公开告诉学生设计的用意。创建一些学习任务让学生关注课程和模块学习目标。在许多课堂上，学生甚至不知道学习目标是什么。在进行教学大纲回顾和课程介绍时让学生阅读、思考学习目标并作出回应。提供模块学习目标，详细说明各模块的学习如何帮助他们达到课程目标。要求学生在模块学习结束或模块评价后进行反思，评估自己对模块目标的完成情况，或者下次应该做出怎样的改进。发布公告、电子邮件，甚至个人反馈，反复强化核心目标。明确了目标，每位学生都会表现得更好。通过反复指出课堂上的学习目标，激励学生达到最佳学习效果。

● 将课程的开头与结束联系起来

在课堂上安排一些活动，帮助学生在课程开始的时候了解学习目标，反过来，在课程结束的时候回顾自己的起点。从第一周开始就让学生为最终的课程评价而努力。在课程的最后一周，让他们反思自己的起点。这样做可以让学生看到课程开始和结束之间的直接联系。他们会看到自己是如何成长起来的，也会珍惜这个学习的过程。

即学即用小贴士

高效课程设计速成模板

学习活动、教学内容、成绩评定和核心目标必须保持一致，以确保学生实现最终的学习目标。让学生了解你对课程有目的的设计，这样能让他们的学习效果达到最佳。

- **让学生从上课第一周就开始为期末考评努力**。有没有可以立即摆在学生面前让他们去解决的难题？布置一个（低风险的）给予评分的任务，让学生对期末项目说明进行阅读与思考，或者开始规划期末论文的选题。也可以布置一个模拟期末考试的测验，让他们练习这种考试模式。告诉学生布置这种任务或测验的目的是希望他们在期末获得好的成绩，这样他们会从课程一开始就为期末考评做准备。以目的为导向，帮助学生学有所成。

- **明确告诉学生课堂作业和考评的目的**。你觉得清楚的事情，学生不一定清楚。在整个学期的学习过程中，布置任何任务都要告诉他们任务的目的，这样，学生就能看清学习活动与核心目标之间的联系。

- **布置与课程目标相关的任务，以促进对学习的自我反思**。在课前或课中让学生阅读、思考学习目标并作出回应，评估自己的学习进展。

- **期末的时候让学生反思自己学到了什么以及打算如何继续他们的学习**。创造一些机会让学生对学习目标进行思考，让课程设计得到加强并发挥最佳效果。

小结

当车轮都经过了校准，你就能往既定的方向行驶。方向盘往哪个方向打，车子就会往这个方向前进，你就能几乎毫不费力地顺利到达目的地。经过了合适的校准，你甚至察觉不到你在行驶，一切就会水到渠成。

与之相反，当车轮未经校准时，车子会一直往一边微微偏离，你需要不断转动方向盘让它行驶在正轨上，为了把车子拽到既定的路线，你要付出更多努力。未校准的车辆还会对轮胎造成额外损耗，既费钱又危险。

当有效应用了逆向设计，课程的所有要素都会保持一致。相比之下，如果没有进行有目的的课程设计，我们实现学习目标的过程将会更加艰辛，会付出更多代价，遭遇更多挫败和困惑。

以目标为导向的好处很明显。本章提到的轻教学方法能确保逆向设计的作用发挥到最大。这样做，我们能不费太多时间和精力让线上教学质量和效果得到显著提升。

第二章

帮助学生理解课程目的及组成

引 言

将困难的任务分解成简单步骤并全程参与学生学习

我在舞蹈工作室里了解了很多学习的科学。

当了20多年舞者后，我开始在当地社区学院教授初级和中级爵士舞。但实际上没有人教我如何教学生跳舞。于是，我模仿自己以前最喜欢的老师，摸着石头过河，慢慢学习如何教跳舞。

例如，我了解到，教一个新舞步时，先教脚部动作，再教手臂动作，这样会比较容易。否则，认知负荷（虽然我当时不知道这个概念）太大了。舞蹈初学者不可能同时处理步法和手臂动作。在我的指导下，先学一个动作，再加上另一个动作，这样更有效。

我还了解到，如果我不断地教初学者新的舞步，他们会感到挫败和气馁。最好是先让他们练习一段时间的新舞步，告诉他们有所进步，帮他们收获了自信和自我效能后，再教难一点或需要更多技巧的舞步。

最关键的是，我了解到要密切关注学习过程：先教简单的东西，然后再教更高级的步骤。在要求学生进行高级转身或跳跃之前，要确保他们基本功扎实。否则，如果舞者没有准备好就进行空中双腿跳跃或交换腿跳，就可能导致膝盖脱臼、严重扭伤或骨折，而我就要搀扶他们一瘸一拐或是单腿跳着离开，有时甚至只能爬出舞蹈教室。

教舞蹈是这样，教体育也是这样。足球教练要先让球员经过无数练习，并对他们的练习做出反馈，之后才会让球员做蝎子摆尾的动作。年轻的体操运动员需要经历无数的地面练习，在教练的引导下掌握基本功，才能开始做那些极限的空中动作。

但我们在课程教学中却常常忽略这一点，忘记将困难的任务分解成简单的步骤，在学习过程中不给学生反馈，总是等到大型任务结束时才告诉学生他们的表现，不会一步步帮助他们树立信心。我们把学生放在没有辅助轮的自行车上，期望他们能自由旋转，不摔倒、不擦伤膝盖或肘部。有时，我们甚至以严格的名义为这种教学方法辩护。

我教的第一门线上课程是初级英语作文课，这也是我教得最多的一门课。像许多老师一样，我从别人那里拿到了线上教学内容。一开始教这门课的时候，除了改动结课日期以外，我没有对教学内容进行任何调整。这是一门速成的写作强化课程。学生要在短时间内阅读大量材料，撰写各种在线讨论帖，提交短篇或中篇论文。然后，突然要求他们完成一篇重要的研究论文。线上课程中却几乎没有帮助学生为这个复杂的任务做准备，说实话，就连我自己第一次教这门课的时候也差点没看懂任务要求。学生当然也不可能有好的表现。

我要表扬一下他们：他们已经尽力了。但是在整个过程中没有我的指导和帮助，他们的论文写得很差。选题不好，论述毫无说服力，论据来源既缺乏可信度又缺乏学术性，写作本身也是糟糕透顶。

那学期我还学到了一个教训：给糟糕的作业评分需要很长时间，过程痛苦且没有成就感，尤其是当你确信学生们不会认真考虑你的反馈并改进他们的作业时。在这种情况下，研究论文是课程的最后一项作业。学生们提交了论文以后很可能将整个学习过程抛诸脑后。

回首往事，很明显，如果我和学生或学生与学生之间在完成这个重要的期末任务的过程中一直保持参与，他们应该会受益匪浅，而这种参与在面授课程中则很常见。线上课堂在提供这种常见的参与机会上制造了特殊的挑战，但轻教学策略可以发挥一些作用。

相关理论

学习支架：安排学习过程中的多阶段参与

多个方面的理论能证明帮助学生搭建学习支架的合理性。例如，形成性评价的重要性，多次的、低风险的作业比一次总结性作业更能有效促进学习（许多研究结果表明），搭建学习支架与元认知之间的联系的重要性，以及学习支架如何为学生提供更多停下来反思的机会。

让我们看看《有意义的写作项目》当中的发现，这本有趣的书出版于2016年，作者是作文研究领域的三位研究人员。米歇尔·欧迪斯、安妮·艾伦·盖勒和尼尔·勒纳花了数年时间试图理解学生在大学课程中觉得有意义的各种写作作业。他们对三所大学的700多名本科生进行了调查，核心调查问题如下：

- 请描述一个在大学期间你觉得有意义的写作项目；
- 解释一下为什么你觉得它有意义。

作者花了几年时间对这两个问题的回答进行解释和分类。他们与一个团队（包括本科生）合作，对两组人进行采访，以补充他们的调查数据：（a）部分调查对象；（b）布置了学生认为有意义的写作作业的教师。他们的分析结果很精彩，而且——据我们估计——分析结果不仅仅能概括写作作业。换言之，分析结果可以帮助我们了解学生在学习任何大学课程中觉得有意义的地方。

学生们最常提到的三个要素之一是：有意义的任务能让学生在整个成绩评定过程中有多次师生参与的机会。换言之，教师并不是简单下发作业给学生，让他们自己去完成，而是在整个成绩评定过程中设置了许多小步骤。

这些小步骤形式多样，这意味着我们可以灵活地将他们的研究成果应用到自己的课程中。调查中学生提到的一些具体参与形式包括：导师的多阶段反馈、同学之间的相互评价，以及为帮助完成大作业而设置的小作业。但具体什么方法并不重要，更重要的是常规的参与成为学习过程的基本部分。

先前的研究，包括美国大学生学习性投入调查（NSSE）都发现："互动性写作过程"——与上面提到的"参与"类似，运用到学生的写作教学中尤其有效。《有意义的写作项目》发现这种参与的影响更大："与美国大学生学习性投入调查中的受访者相比，布置学生认为有意义的写作项目的教师更倾向于使用非正式、不分级的写作……并让学生参与同学之间的互评。"因此，这项关于学生写作的大规模调查都证明了在成绩评定过程中的多阶段参与能让学生意识到任务的意义。

有一点，我还想再强调一下：如果学生发现成绩评定任务是有意义的，那他们就更有可能为之努力、从中学习，并成功完成它。在

《有意义的写作项目》记录的学生反馈中，这种联系被反复提到。一名学生写道："在写作过程中，我的论文得到了很好的反馈，这帮助我最终写出了一篇很好的论文，也使我最终得到了好成绩。"另一个学生指出，从有意义的写作项目中学到的知识可以用在其他学习环境中："这项作业影响了我其他所有的写作项目，因为我会一直思考受众、语气、语调、格式、风格和其他写作原则。"这些都是我们希望从成绩评定任务中得到的回应，而频繁的参与能帮助我们实现目标。

线上课程的学生，就像面授课程的学生一样，在理解作业和课程活动的目的以及成功地管理它们上都会遇到困难。复杂的作业可能需要十几个或更多的认知步骤，学生很难按照逻辑及时地组织和完成这些步骤。当这一过程中有了足够的参与，我们就能帮助学生成功完成作业，并让他们看到其中深刻的价值和意义。在接下来的教学模式部分将对此进行说明。

教学模式

如何提升线上课堂的参与感

本章中首先介绍的几个模式直接来源于《有意义的写作项目》中的研究提到的模式，换句话说，也就是在学生完成评分任务时给他们一些指引和反馈机会。然后，我们将继续探讨如何在整个课程中提供频繁参与的机会，而不仅仅是在评分任务中。在线上课程中安排参与尤其困难，因为学生会感到和你、和其他同学都是隔绝的。以下的教学模式和准则将有助于打破你和学生之间、学生和学生之间、学生与课程内容之间的障碍。

● 分解复杂的任务

看了《有意义的写作项目》，我明白了为什么线上初级作文课的那些学生写的研究论文惨不忍睹。因为在这个过程中我没有安排参与，也没有为他们搭建学习支架。好几次我都是按这个任务交到我手上时候的样子布置下去，即要求学生提交这篇期末论文，在提交之前不给他们任何指引或反馈。后来，我意识到可以按面授课程中的做法来帮助大家写出更好的论文，同时也促进学生的学习。我建立了一系列循序渐进的任务，并设置了一些任务截止日期来分解这项工作，以让学生知道自己在进步。

这种对过程的基本关注在面授课程中很常见，在网上却常常被忽视。为了将其纳入线上课程，我们需要建立一个清单，列出实现总任务所需的步骤以及每一步的截止日期。例如，让学生提交论文或演讲的主题，不需要太复杂，让他们写下或录下两三句话描述自己的想法并提交就可以了。

教师对主题进行反馈后，学生们可以提交一个基本大纲，写出主要论点和支撑要点。要求他们提交一份资料来源清单，无论是正式的带注释的参考书目，还是简单列出资料来源、内容支撑要点及其价值。接下来，布置初稿的写作。使用学习管理系统进行分组，建立同行评议。你可以要求两人通过视频会议工具交谈，甚至只是打电话，互相提供实质性的反馈。

本章提到的所有建议也可以用于团队项目中（如果你还没有设置团队项目，你也可以在面授课程和混合式教学中使用团队项目）。列出步骤清单以及循序渐进的任务截止日期，让团队在合作的各个阶段提交进展的证据。这也能帮助团队健康地合作。

当然，你必须审查这些循序渐进的任务，并及时给学生提供进度反馈。告诉他们是否进展顺利，或者提出改进的建议。

几年前，在线上教育技术课上，我设计了一项有意义且真实的期末评价任务，要求学生完成。他们需要发现自己学习的课程中的问题，研究这一问题并确定一种可以帮助他们解决问题的技术工具，设计一节课来使用这一工具。不知道为什么，那个学期很多学生都理解错了我布置的任务。在一个周六早上六点左右，也是我最有效率的在线教学时间之一，我读到他们写的文章，感觉越来越沮丧。至少有三分之二的学生提出的想法根本行不通，这必然导致他们无法完成期末项目，从而得到很差的成绩。

我很快就意识到，一定是指示不清楚，导致太多学生都做错了。所以，我制作了一个简单的幻灯片，展示了一些随意选取的错误示例。时间太早了，我还没准备好进行网络录制，所以，只是对这些幻灯片进行了音频解说，阐明任务要求，指出学生的错误，并提出建议，告诉他们如何重新开始或进行大改，返回正轨。早上八点之前，我已经发了通知敦促学生观看视频。因此，他们能够利用周六和周日的全天时间，有效地对项目进行重新思考和规划。后来有几个人告诉我，很感谢我在他们浪费更多时间在错误的思路之前帮他们进行了修正。

以上经历对我有两个重要提示：一是我必须承认我有部分责任。教学需要一定的谦虚。为了帮助学生成功，我有必要认识到自己做得不够好，最初的任务说明有一些不足。二是我必须行动迅速。如果我等到下周三左右才审阅学生提交的材料，再去修正就太迟了。在那个周六早晨抽出一点业余时间，只会对家庭生活产生轻微影响，但为了及时将信息传达给学生，让他们从中受益，这种小的牺牲是必要的。

把大型任务分解成可管理的小部分，帮助学生调整完成进度，并在此过程中提供有意义的反馈。学生的学习质量无疑会提高。

● 巧妙地发布教学内容

使用大多数学习管理系统中提供的"有条件的发布"（后文简称CR，有时也称为适应化发布）功能，能有效地创造一些机会让师生共同参与线上教学内容。使用此功能时，学生只能在满足了一定学习要求之后，才能收到新的教学内容。例如，学生必须完成针对前一部分数学技能的测验，并获得一个最低通过分数，才可以开始学习新的数学教学主题和家庭作业练习。这种学习支架要求学生在查看或访问下一个内容之前，先展示某种程度的掌握（你可以对你要求的掌握程度设置条件）。CR可以为学生提供有用的知识结构，同时提供一个参与线上教学的机会，在这个过程中，学生必须管理自己的学习。

一组研究人员比较了CR在本科生入门级数学课的面授课堂和线上课堂中的影响，由此考查CR对学生成绩的影响。他们借鉴了其早期对CR的最佳应用方法的研究及后来揭示学生对CR价值认识的研究。在2015年的实验研究中，他们预测，CR将提高学生成绩（让学生得到更高的测试分数和平均成绩），并且CR在线上课程中的影响将比面授课程中更大，"因为CR的许多功能更容易在线上形式中实现和控制"。研究结果表明，实验组的线上数学课学生确实比没有使用CR的对照组线上课程学生取得了更高的考试成绩和总成绩。但在面授课程中，情况并非如此；使用了CR的面授课学生并没有比没使用CR的面授课学生取得更好的成绩。这一研究的主要发现是：使用CR可以帮助在线学生获得更好的成绩。我猜想CR在线上课程成功率更高的一个主要原因是：在线学生不能像在面授课时了解课程结构和相关支持，而CR提供了更加结构化的过程，让他们从中受益。

你可以通过多种方式来使用CR引导学生并对他们的表现及时反馈。在心理学课上，制作一个词汇测试，要求学生在学习新内容之前先展示自己对关键术语的掌握情况。在政治课上，要求学生在进入下一单元之前，提交一份单元总结，将重要概念用文字或音频记录下来。在哲学课上，创建一个作业，要求学生在查看下一个分析论文作业说明之前，先概述指定文本中的论点。在刑事司法课上，让学生在观看了视频讲解后做一个小测验，然后才能访问系列讲解中的下一部分。你可以在几乎每一个学科中使用CR来检查学生的理解情况并提供反馈，可以用学习管理系统的测验部分提供的机器评分，这种方法对于人数较多的大班更实用；也可以在学生进入主要项目或作业的下一步之前，手动查看学生作业，这对你的教学内容来说可能更有意义。

这里有一种方法可以在你的线上课程中融入这个过程。在每个教学模块的开头创建一个作业，把它设置为模块中的唯一可见内容。详细说明作业要求。你可以让学生写一段话（大约200字），总结上一个模块的要点，并预测它与本模块主题的关系。说明此任务的目的是帮助他们练习知识提取，并寻找先前模块和当前模块之间的联系（关于提取练习和建立知识联系的认知益处，请参阅《如何设计教学细节》的第一章和第四章）。根据通用学习设计原则，学生可以直接输入文本、上传文档或提交音频或视频来完成这项作业，一旦作业完成，该模块中的其余部分就会显现。

你可以将这些作业和测验计入成绩，也可以选择不将其计入成绩。如果它们的设置是为了让学生必须提交一个任务，这些活动不一定要评分。著名的教育家和作家何塞·鲍文常说：网球网不会为挥拍打分。我在2018年11月的美国高等教育专业与组织发展协会（POD）的会议上听到了鲍文的演讲，他谈论了网球网式的非评价性反馈的重要性。球网不会根据挥拍的表现来评分，它只提供反馈。要么球过网，要么球击中网弹回来。但球网不会给分。你可以使用CR来达到同样的目的：给予学生学习反馈，而不必评分。

但要适可而止。如果学生在整个过程中要多次跳过这些障碍（他们可能会这么以为）才可以继续学习，他们可能会感到挫折。有目的地、巧妙地、有节制地使用这种方法。通过有选择地使用CR，你可以给他们提供反馈，告诉他们是已经理解了概念还是需要再复习，以此帮助学生稳步前进并进行有价值的投入。

● 从互动中了解学生的学习情况

面授课程时，你可以看着学生、巡视教室或观察非语言线索，来了解学生是不是没有听懂、觉得无聊了或者已经完全走神了。好的老师能识别这些线索并相应地调整教学方法，他们可能会进一步解释、举例说明或者换一种方式来描述概念。也可能停止当前的活动——讲课、小组活动或个别指导——转而进行其他活动。

但在网上，你无法得到这些视觉线索。你看不到线上学生试图理解作业说明时独自在电脑屏幕前做出的疑惑表情；也很难察觉学生已经失去兴趣而走神了；也无法像在课堂讨论或小组任务中一样实时纠正学生的误解。

但你仍然可以监控并帮助线上学生参与进来，这一点很重要。这里的轻教学方法是经常进入课程并密切关注学生之间的互动，哪怕是每天短时间地查看两三次。

注意查看学习管理系统的信息系统中收到了什么问题。是不是有几个学生问同样的问题？如果是，不要一一回复，而是发布一个简短的视频或文字公告来进一步解释、消除困惑。最好再复制粘贴一个简短的回复单独发送给每个学生，让他们查看公告。通过这种方式，你不仅告诉每个学生你收到了他们的消息，同时也帮助了整个班级。

为做到这一点，很多线上课程都设置了问答论坛。如果你的课程没有这个元素，那就先完成这个轻教学策略吧：添加问答论坛！学生可以在上面问关于课程和作业的一般性问题，每个人都能看到答复。一定要查看并及时答复，至少在合理的时间内答复。我观察过一些在线课堂，在这些课堂上，有些问题好几天都没有得到老师的回答，学生会因此感到气馁。

回复的时候，再想想如何让更多学生看到你的回应。有时，我会把在帖子中的回复复制到课堂公告中，再发送到学生的电子邮箱，以确保他们看到这个信息。你可以在邮件中对这种复制消息的行为道歉，但告诉他们，你这么做的目的是想确保所有的学生收到了他们需要的信息，以帮助他们成功。另一种让更多学生看到的方法是收集常见问题，并在下次授课时作为常见问题（FAQs）发布。

除了查看提问之外，你还可以了解讨论互动情况。这并不像你想象中那样耗时。在讨论中与学生互动是指导学生学习的重要方式。他们对某个概念感到困惑吗？有没有用错地方？你可以发现错误并用简短的回复来纠正。

教师应该参与学生的线上讨论论坛，这样做可以促进学生的认知和对课程的参与。面授课程时，你不会发起课堂讨论然后走出教室，让学生自己进行讨论。然而，许多线上教师就是这样做的——让学生独自在网上进行讨论。来看看一项基于41个关于线上讨论的研究而进行的综合分析得出的结果。其中一个显著结论是：学生高度重视教师在网络论坛上的互动，教师互动的质量可以对学生间的互动产生积极影响。也就是说，在讨论区上定期互动并做出良好示范的教师可以促进学生的学习体验。此外，教师的某些行为，如总结学生的帖子、直接解答学生在帖子中提出的问题以及每周对学生帖子的回复超过一次，都会鼓励线上课堂上的批判性思维。

在线上讨论中与学生互动是一个很好的方法。真的，我告诉学生，如果他们在讨论区看到我的回复，阅读回复会对他们很有用。我最好的线上教学就发生在论坛里。

为了有效地完成这个任务，每天留出三十分钟，每周四到六天。上课时间越短，你每周应该登录的天数就越多。如果教学周是十六周，每周登录四天就可以；如果是为期四周的暑期课程，帮助学生按你的期望投入更多的时间。在课程如此紧凑的情况下，每周登录六天甚至七天。

浏览当天的讨论，并在需要的地方快速回复。这可能只需要花费两到三分钟的时间，却会对学生的学习产生很大影响。最重要的是，学生看到你在参与课程、引导他们的学习并提供指导。他们知道你支持他们、关心他们，因此可能会更充分地参与进来。你每天只需要付出几分钟的投入，却可以收获非常可观的回报。

● 强调模块讨论的重点

在整个课程中为学生提供指引和反馈的另一种方法是帮助他们关

注线上讨论中出现的重要概念。在最理想的情况下，这些论坛会充满活力、参与度高且激励人心。在经过精心设计、有目的的教学中，线上讨论可以成为整个学习过程中的亮点和顶峰。但活跃的线上讨论对学生和教师来说也会变成压力。

为了解决这个问题，总结模块讨论中出现的重要和有趣的要点，把它们记录或录制下来，发到论坛上，甚至可以将它置顶。或将其作为每个模块的结束公告发送给学生。无论哪种方式，对本模块中的学习进行巩固，帮助学生从网上生动的对话中找出最相关的内容以及需要记住的内容。

我最近为美国大学教育者协会（ACUE）的65位教师上了有效教学实践课程。在为期九个月的在线职业发展课程结束后，几位教师学员告诉我，他们非常感谢我在模块结束时引用他们的讨论帖。人们喜欢看到自己的贡献得到公开认可和赞扬。

阿拉珀霍社区学院的教职员工凯特林·布莱克在最近的一篇博客文章《线上教师如何营造更好的讨论区》中也提出了类似的观点。布莱克认为，我们应该"对讨论区中好的帖子给予奖励"。其中一个方法是"指出特别出众和令人惊喜的帖子"。

为了完成这项工作，我会在那一周复制重要片段和有见地的评论并粘贴到运行的文档中。大多数工作日我都会去论坛，在上面回复帖子，在适当的时候发表评论和提问，以进一步加深谈话。但我知道，不是每个人都能密切关注本周讨论的细节。

这些教师学员确实极大地帮助了大家理解新概念，我希望能将他们做出的贡献保留下来。所以，我把他们说的话连同学生名字和评论的上下文等细节一起保存了下来。每次进入在线讨论，我都会添加一些内容到这个文档中。到了周末，我对于要点的总结一目了然，这意味着我只需要花几分钟就能写出一篇总结性公告，分享本周的一些讨论，并让学生关注讨论中最相关和最有趣的内容。

顺便说一句，在线讨论不一定只能在线上课程中使用。在混合式课程和面授课程中如果能有目的地将线上讨论融入到课程设计中，它会为课程增加一个重要维度。提供一些机会，让学生在两次课的间隔期间谈论概念、与老师或其他同学互动。用同样的策略：在下次课前不久，也许是前一天晚上，发一份公告，强调重点和问题，帮助学生为第二天的课做好充分准备。

这一方法同样能实现多个目的：强调重点、通过呼吁更多人发精华帖来提高大家的积极性、充当学习指南，确保学生不会错过重要的东西。只要操作得好，线上讨论可以像课堂的现场对话一样热闹。就像在面授课上一样，对学过的知识进行总结，帮助学生取得重要的收获。

准 则

检查学生学习进度并给予反馈

线上课堂不会像面授课堂那样会有自然而然的参与，我们无法轻易创造出让学生参与的环境，师生之间的联系也不那么显而易见。但无须费太多精力，我们就能帮助学生定期了解他们在课程中的表现。提供多种参与机会，跟踪他们的学习进度，给予他们简单的反馈和鼓励，以促进他们更好地学习。

● 分解复杂的任务

将主要的成绩评定任务分解成容易完成的小部分，帮助学生调整学习进度，让他们有信心符合要求地完成任务。列出整个过程的任务清单或进行大致说明。安排好截止日期，这样你就可以及时给出反馈，让学生们及时调整以便进入任务的下一部分。在指导和帮助学生学习的过程中建立信心和自我效能。

● 了解学习情况并作出回应

哪里出现了沟通失败？多个学生提出了同样的问题吗？线上讨论是否偏离了话题，或者更糟的是，没有人参与线上讨论？每天花几分钟，或者如果不是每天，一周中选几天，去查看线上学习情况。通过电子邮件发布公告来回答你收到的问题。在论坛上回复，表扬写得好的帖子或纠正小的误解。定期但不要太密集地引导学生，以确保他们一直参与并有所收获。

● 经常给予反馈

寻找一切机会帮助学生了解自己在课程中的表现。尽早思考并多思考如何给他们反馈。在线学习的学生很容易感到孤立无援。想方设法向学生反馈，他们是学得很好，还是需要做什么改变。这真的不需要花太多时间。每天几分钟，每周几天足矣。你付出的这种小投入往往会带来巨大的学习收益。

即学即用小贴士

提升学生与课堂的互动频率速成模板

如果你不进行有目的的课程参与，在线学生会很容易脱离课程学习。使用本章的教学模式和准则，增加学生与课程的互动次数，也为你创造更多机会检查学生的学习进度并向他们提供反馈。

- **将最终的课程成绩评分任务分解成一些小任务**。为这些任务设置截止日期并提供反馈，帮助学生调整学习进度。在每个步骤中，帮学生巩固学习并建立自我效能。

- **设置"有条件的发布"任务引导学生学习，让他们知道自己是否掌握了课程中的概念，并让他们了解课程概念与课堂活动之间的联系**。让学生思考完成这些模块任务的目的以及为什么要按特定的顺序完成。

- **寻找线索发现学生的困惑**。不同学生的提问是不是有什么共同点？提交的材料中是不是反映了对任务误解或沟通失败的倾向？迅速通过公告、进一步讲解的视频或电子邮件向全班同学澄清，帮助他们回到正确的方向并继续前进。

- **总结每个模块的讨论并予以公布**。指出讨论中的重点和需要关注的内容，以便继续学习。

小 结

　　有些人真的很擅长自学。他们动力十足，知道去哪里获取需要的信息，比如，他们可以通过阅读用户手册、在线查找教学视频或下载应用程序来学习一门新语言。他们是自给自足的学习者。

　　但我们很多人不是这样的。我们中的许多人更喜欢，甚至需要，有人指导的学习体验。我永远不可能通过自行摸索学会Adobe Photoshop（图像处理软件）的操作。如果我需要学习如何使用这个程序，我会参加课程，因为我知道只有了解了课程结构并得到老师专业的帮助，我才能持续参与并学习。

　　通过提供循序渐进的反馈、用多种方式频繁地让学生参与进来，我们可以引导学生进步。当你主动地、有意识地让学生参与进来时，为了回应你的关注，他们很可能更加努力、专心学习课堂内容并积极参加课堂活动。最重要的是，让学习任务看起来不那么艰巨。如果你在整个课程中尽早、经常性地给予指引，学生会学到更多，学得更好。

第三章

选择合适的技术和媒体工具

引言

新兴教学技术入驻课堂：它们能否真正解决问题

大多数人认为日常技术的存在理所当然。

每天早上，我们被智能手机上或床边的闹钟叫醒，走进厨房，打开灯，按一下按钮就可以煮一杯完美的咖啡，打开冰箱拿出最喜欢的奶油为咖啡调味，坐下来用移动设备浏览当天的新闻。

如果没有这些家居技术，每一项活动都要耗费更多时间。200年前，人们睡到自然醒，或者日出而起。如果天还是黑的，就点一根蜡烛。要喝咖啡的人需要研磨咖啡豆、点燃炉子、烧开水，想要奶油的话就得长途跋涉到冰屋去拿。一整天的工作完成后，人们坐下来拿起当天的报纸了解外面的世界。

技术在许多方面使我们的生活变得更容易。我们自动认为能一直得到技术的支持，解决在没有电、汽车和互联网时所遇到的问题，我们甚至不记得曾经遇到过这些问题。人们很容易忘记，技术的使用是有目的的，它是用来解决问题的。新兴技术很容易让人眼花缭乱。

几年前，一位同事接到一个供应商代表的营销电话，推销一套叫"Clickers"的课堂应答系统。销售人员说服她，这套工具可以解决她所有的大班教学问题，于是她签下了这个购买合同，并给我们培训这套工具。好在一个研究学习设计的同事打断了培训，问她这套工具是否真的能解决问题。结果她发现自己只是被这套工具一时吸引，如果不对其使用进行有目的的设计，"Clickers"根本无法解决她面临的困难。

想一想课堂技术的现状。在推动积极学习的名义下，各大院校花费数十万美元打造高科技学习空间，引进先进的技术和灵活陈设促进合作式学习。课堂技术由教室前面一个高度复杂的控制台控制着，但很多时候，这些系统如此之复杂以至于并没有充分发挥作用。我认识很多教师，他们没有充分准备好在这种教室进行教学，他们被复杂的技术吓坏了，根本不去使用它。

有很多昂贵的新兴技术并没有得到有效利用。

相关理论

金发姑娘原则：寻找适合教学目标的技术工具

德里克·布鲁夫是范德比尔特大学教学中心的主任，也是当今高等教育界关于教学技术使用方面的主要专家之一。他较早在课堂上引入了个人应答系统，撰写过一本这个研究领域的先锋书籍，并一直在更新关于高等教育教学的博客，特别关注技术在教学中可以而且应该发挥的作用。在他最近撰写的一本书《有目的地使用技术》中，他首先描述了他认为对自己教学最重要的技术：可移动的桌椅。他在书中写道：

> 可移动的陈设就是各种能在课前或上课过程中随意移动
> 的陈设，包括桌子和椅子。当我走进教室时，通常会为学生
> 安排一系列以当天的学习目标为导向的课堂活动：有时是全
> 班讨论，有时是小组活动，或两人合作、课堂辩论、拼图活
> 动。可移动的陈设帮助我营造一种可以支持这些学习活动的
> 课堂环境。

这一领域的几乎所有重要专家对于教学技术都有类似看法。哈佛大学物理学家埃里克·马祖尔推广了个人应答系统在高等教育中的使用，他在世界各地举办研讨会，告诉大家他如何从一名传统教师转变为积极学习的倡导者。他主要因为写了一些关于同伴教学的书而出名，同伴教学将个人应答系统的使用与合作式学习结合起来。在詹姆斯最近参加的一个研讨会上，马祖尔组织了同伴教学示范活动，他让参与者使用手势信号而不是点击器、电话或其他电子设备来体验同伴教学。生物学家明迪·马里斯在马祖尔之后做了一个演示，让我们用彩色索引卡来显示我们的反应。这三位用技术强化教学的倡导者和实践者都十分愿意远离那些对于实现教学目标并不是十分必需的新兴技术。

认知心理学家米歇尔·米勒是研究教育技术并撰写相关文章的另一位先驱，她将在自己课堂上的发现带到了这个领域，探索了如何应用从学习科学到教育与技术的交集方面的研究。她指出，当发现可以在大学课程中加入多媒体组件时，不管合不合适，许多教师都跃跃欲试，而且许多老师现在仍在这么做：

当代教育技术为课堂提供了丰富的可以加入学习活动中的多媒体声音。大多数人都有一种直觉，认为这些媒体比纯文本更能吸引学生……然而，直觉并不总是正确的。

事实上，米勒认为，多媒体在教学中的一些应用会损害学习，而不是支持和促进学习。例如，如果你在播放幻灯片演示文稿的同时进行解说——就像制作简单的网上教学视频时你的做法——对学生学习的影响很大程度上取决于你如何处理幻灯片上的内容。只是把幻灯片上的内容一字一句地读出来可以产生研究所称的冗余效应，这实际上会损害学生的学习；但你也可能会在另一个极端上犯错误——对幻灯片上的内容不够关注同样会干扰学习。最有效的处理方式是用平时会话的语言对幻灯片进行讲解，幻灯片和讲解之间紧密联系却不完全一致——米勒将其描述为"金发姑娘"原则。[①]

所有这些教育技术领域的专家所提出的观点恰好是我们在第一章中所讨论的观点的延伸：设计线上课程时所做的每一个决定都应该源自你为课程设计的学习目标。先制定这些目标，然后确定哪些技术工具将帮助你和学生实现这些目标。你可能会发现，一个同事推荐的最新的花哨的教学工具或程序并不适用于你的课程，而其他某个简单工具却更有效。

---

① Goldilocks principle，源自童话《金发姑娘和三只熊》。迷路的金发姑娘未经允许就进入了熊的房子，她尝了三只碗里的粥，试了三把椅子，又在三张床上躺了躺，最后认为小碗里的粥最可口，小椅子坐着最舒服，小床上躺着最惬意，因为那是最适合她的，不大不小刚刚好。金发姑娘选择事物的原则就叫金发姑娘原则。

教学模式

如何选择有助于提升课程效率的技术工具

一位教建筑管理学的老师想让学生在真实的蓝图上进行绘制，但他只有一套蓝图，他该怎么办？他把学生分成小组，每个小组先拍一张这套蓝图的照片，用一个应用程序根据老师的指令在蓝图上进行绘制，然后他们可以在大投影屏幕上与其他同学分享小组绘制的图像，以便开展全班评价与讨论。

一群老师参加了三天的教学研讨会，结束的时候，每个小组要展示他们的学习成果，而其他老师也想实时提供一些资源并记录互动过程和资料，以便以后参考，他们该怎么做呢？每一个教师团队创建了一个共享文档，在每个小组展示的时候，其他老师可以直接在文档中添加另外的资源和想法。到每个小组展示结束时，已经生成了一套丰富、健全的资料，比这个小组一开始自己创建的文档更完善。

我教高级爵士舞，但由于身体原因，我无法像20年前那样表演高级的旋转、跳跃动作，我该怎么办呢？我会暂停课程，把舞者叫到身边，用智能手机播放一位年轻、有活力的舞者用完美的技巧进行跳跃的视频，同时描述她的动作要领。这样，学生既得到了详细的讲解，也观看了帮助他们理解舞蹈动作的视频范例。

以上三个真实生活中的场景都有目的地应用了技术工具来实现某个学习目标或解决问题：建筑管理学教授只有一套蓝图可以使用；教师团队想以有意义的方式完善彼此的学习成果；而我只是年纪大了，身体上的新伤旧痛不允许我像以前那样腾空、旋转了。

不论是在实体课堂还是在网络课堂，我们使用的技术应当解决问题，或为优秀的教学开辟新的可能性。我们有很多机会可以使用轻教学方法实现这一目标。

● 制作简短的教学视频

线上课程的一个常见问题是，学生经常要面对令人讨厌的整屏的枯燥文本。更加可行的替代文本的方案是什么呢？制作简短的视频来讲课。

想到可以通过提供信息的视频来提升线上教学，一些教师很激动，但更多教师被这个想法吓倒了。对许多人来说，制作教学视频似乎是一项"大型教学工作"——也就是说，工作量太大，根本无法完成。但我又要说，这项工作也可以变得很简单。从轻教学的角度出发，我们提倡使用基于教学内容的视频：投入少量的时间和精力，大大提升学生的参与度和学习效果。

在思考如何整合课堂教学视频时，许多线上教师都会想象把课堂教学视频放到网上。这确实是一种方法。而且有一些院校正在投资打造复杂的讲课录制系统，以促进这一过程。但是，讲课录制需要昂贵的技术和一个技术娴熟的专业团队。轻教学方法是录制简短的幻灯片讲解视频或网络摄像风格的视频，直接对着电脑显示器上的摄像头讲话。

这里的关键词是"简短"。菲利浦·郭在一篇关于他和同事进行的研究的博客文章中写道："传统的面授课通常持续一个小时，但学生在观看线上教育视频时注意力集中的时间要短得多。"研究人员收集了690万次观看视频的数据，以跟踪在线学生的参与模式。他们的发现强烈建议线上课程视频不应超过6分钟。在一份更深入介绍研究结果的会

议中，郭和他的同事们指出，非正式的视频会带来更高的参与度，高产值的视频录制也可能不会产生效果。研究人员提醒大家，"如果教师坚持录制现场课堂教学"，就要在视频制作前后花费大量努力。对我来说，这听起来确实是"大型教学工作"。

相反，你可以自己制作教学小视频，不需要昂贵的技术或专家团队，也不需要投入大量时间。郭的研究其实也证明，在观看正式的、经过专业剪辑的视频时，学生的参与度更低。所以，留出半个小时坐在办公桌前，自己录制教学内容，不要去过多顾虑视频是否呈现得足够完美。

你可以使用各种视频录制工具和软件来制作视频。例如，Kaltura[①]、Panoto[②]、Screencast-o-matic[③]（仅用于屏幕广播）或Loom[④]（用于屏幕广播或网络摄像头录制）都是不错的选择。它们相对简单，可以用来录制简短的非正式的讲课小视频。Explain Everything提供可记录的交互式白板功能。如果你熟悉其他软件的操作，你甚至可以用Zoom或其他视频会议软件来自己录制视频。

两种最常见的讲课小视频形式包括对几张幻灯片进行讲解或直接对着网络摄像头说话。两者都可以非常有效。有些老师不喜欢在镜头前看到自己：如果你是这样，可以先录制5分钟的幻灯片讲解视频。随

[①]　一款基于Flash技术的在线视频编辑工具。除了具备同类工具的应用特性之外，最主要的还是能支持多人协作编辑。此外，Kaltura上处理的视频媒体可以通过网页内嵌代码输出到博客或者个人网页上。

[②]　一款屏幕录像软件。支持录制屏幕，录制摄像头，以及同时录制。免费版支持最长15分钟的录制。同时可以获取电脑扬声器和麦克风的声音。

[③]　一款支持通过浏览器来录制屏幕录像的工具，用户无须安装专业的录屏工具，直接在浏览器上安装扩展插件即可实现在线录屏功能。

[④]　一款交互式白板办公软件，用户可以在该白板上进行书写、计算和搭建框架等，支持各种画笔、涂料、截图等功能。

着不断练习，你可能会发现可以更自如地录制自己对着摄像头说话的视频（顺便说一句，这是一个加强教师现场感的很好的方法，正如第四章所讨论的那样）。还记得米歇尔·米勒提到的研究吗？当我们对幻灯片进行讲解时，用平时会话的语言是最有效的。讲解要随意，并经常提到幻灯片上的材料，而不只是逐字逐句地读。

大多数工具上都有简单的编辑功能，你只需要这些就够了。不要把偶尔的口误删掉，这样你和你的视频才会有真实感。在我对着摄像头录制讲课小视频时，我会保留自己在讲完以后对着摄像头微笑那几秒的画面，然后可以很容易在这里截掉后面的视频或淡出画面，这样就不会让学生看到我在摸索如何找到正确的按钮来结束录制。

记住为视频内容提供一个或多个替代形式，这样可以让各类学生都成功参与互动。视频的文字说明、文稿，甚至基于文本的大纲，都可以为学生提供学习的多种选择。有些视频录制工具提供自动字幕显示工具，可以加快字幕制作过程（但为了准确起见，你可能需要对字幕进行一些简单的编辑）；如果你喜欢在录制之前把小视频的文稿打出来，那么你就已经准备好了文稿。还可以提供一些指导性的问题，让学生在观看小视频时回答，帮助他们积极参与到视频中，而不是被动地观看。

如果你是在学习管理系统里制作教学小视频，那它们可以很方便地嵌入适当的地方。如果你用其他工具录制视频，想想如何适当地把它们以流媒体的形式整合到线上课堂中。你可以咨询本校的教学设计师或学习管理系统的技术支持，获取有关此服务和其他辅助服务的指导，让学生在任何设备上都可以方便地查看和访问你的视频。

最重要的是，记住轻教学理念。从一个教学小视频开始。你的线上课堂中有没有一个概念一直很难传达？把它作为你第一个教学小视频的主题。下次再教那门课的时候，再加几个小视频。

　　这样做还有一个好处是，在有目的的设计下，你可以在以后的课程中重复使用这些视频。如果把视频观看有效期设置为某个特定的学期，那你下次教这门课程的时候就无法使用它了。佐治亚理工学院计算机科学系的大卫·乔伊纳最近撰写了一篇文章，建议采取更多策略确保可以重复使用你录制的视频。例如，不要在某个视频中提及其他视频的内容。如果你的视频联系太紧密，一旦课程的某个部分被修改，你可能就需要修改所有的视频内容以保持连贯性……为了避免这种情况，让每一个视频尽可能独立。不要说"回想一下上学期我们用过的例子"这样的话，而是说"想象一下这个例子……"如果你没有对前面的课程内容做修改，学生能自己将它们联系起来，但是如果这个例子在上一个视频中被删除了，你这么说就会让这个视频看起来不是独立的。

　　你不会自然而然地达到这种层次的视频安排，但要坚持这样做。花点时间想清楚教学小视频中应该包括哪些内容，以及如何最好地把它们录制下来。随着不断练习，你会越来越熟练。你投入的时间将让你几个学期都能受益，学生也会很高兴不需要去阅读长篇的文本。

● 激励学生参与线上教学内容

　　在线学习的学生的行为模式逐渐可被预测，他们不会认真学习每个视频内容。虽然这么说有点以偏概全，但如果不需要对学习内容负责，即便是最有吸引力、信息最丰富或最重要的视频，许多学生甚至都不会看。线上学生越来越知道怎么在最短的时间内完成课程内容。

这也不能怪他们，因为许多学生业余还有忙碌的、困难重重的生活要应对，其中可能包括一些特殊的困难，如照顾生病的亲戚，甚至是赚钱糊口。

我有一位在线完成硕士学位的同事。他先仔细查看每个模块最后的作业，然后浏览指定的课本章节，寻找完成作业所需的信息。我猜，他的老师相信学生已经从头到尾阅读了所有指定的材料，但事实可能并非如此，正如我同事所做的。线上学习者通常既要工作还要照顾家庭。许多学生之所以会被吸引到网上学习，正是因为他们需要时间安排的灵活性，以便在完成其他责任的同时继续大学学习。所以，如果没有明确的理由必须看一段视频，即使不到两分钟，有些学生也不会看。但我们知道自己录制的内容将是有利于学生学习的，因此必须认真思考如何促进他们对课程材料的参与。

有一个有效而简单的方法可以激励学生参与并对学习内容负责，就是在每个要求观看的视频之后设置一个简单的、给予评分的任务。这种策略还可以帮助学生积极地消化学习内容，有助于他们"处理信息并审视自己的理解"。一些视频工具允许嵌入式测试，尽管在本书撰写之时并不是所有工具都支持嵌入式测试，而且嵌入测试会让你的工作更复杂。不过，这种方法可以让学生对参与视频负责。

如果你不想那么复杂，可以紧接着在视频后面添加一个自动评分的测验。使用学习管理系统的测验工具创建一个包含五道单选题或判断正误的测试来检查学生的理解情况。可以在测验答案中加入反馈，以加深学生的理解。例如，如果学生答错了一道题，你可以指导学生点击视频中的某个时间节点去回顾视频的一部分，或者对测验进行设置，在学生提交答案后显示这部分文本。对于正确的回答，你也可以提供更多的指导，可以提出建议，告诉学生在哪里可以找到其他相关资源。

在我的《计算机技术和领导力》课上，我没有设置自动评分的测验，而是让他们在观看了每一个教学小视频后写一小段内容进行回应——也可以是录音或视频回答，分值五分。在说明中，我告诉学生他们必须要证明已经看过视频，对内容进行了思考，并将其应用到学习中。我愿意阅读他们写的回应并手动评分，因为我觉得这些简短的回答需要更高层次的思考，而批改每一份作业只需要不到一分钟。就提高课程内容的参与度来说，这种时间上的小投入带来了巨大的回报。

如果学生没有真正观看，或者没有全神贯注地观看，那么即便是最有帮助和最有趣的视频也毫无价值。让观看视频占一定的分值，学生就会更多地参与视频内容。

● 利用视频即时补充信息

除了教学小视频之外，录制一些简短的公告，对课程学习的进展情况作出回应，这也会产生强大的影响。在线下课堂，我们都会利用"教学时机"，时刻警惕，抓住突然来临的一切机会，基于课堂上意外的评论或事件强化某个概念。线上教学中我们同样可以而且应该这么做。例如，当你发现学生的困惑时，用几分钟的时间录制一个小视频，做进一步的解释或回答疑问，让全班都能看到。这些简短的补充信息甚至不用像制作教学小视频那样去计划安排；只需确定几个要点，使用学习管理系统中的本地或嵌入式视频录制和流媒体工具进行录制。也可以使用一些工具或者手机的应用程序录制，然后在课堂上以流媒体的形式播放公告视频。总之，留意"教学时机"的出现，录制一段简短的视频来解决当时的问题。

同样，比起僵硬、正式或经过专业编辑的视频，学生更喜欢非正式的视频，在这种视频中，你很真实，他们想要看到和听到真实的你。大可不必为了追求完美的呈现而一遍又一遍地录制。你在线下课堂教学的时候总是把每一个字都说得很清楚吗？如果没有，不必担心教学视频中你偶尔的吐字不清。

许多教师可能会觉得这样做很陌生、不太舒服。一些人不喜欢自己在摄像头前的样子和声音。我想鼓励大家都试试自己对着摄像头说话，即便是录制一分钟的线上课程开始时的问候视频。

我们在教室里讲课时都会练习公共演讲技巧。对着摄像头说话只是公共演讲技巧的一个变体。刚开始教学的时候，你能自如地站在满屋子学生面前吗？对很多人来说，需要一些练习才能自信地应对那种环境。在制作线上教学视频时，同样给自己一点时间去练习和建立自信。

练习得越多，你就越能自如地通过视频与学生实时分享想法。几年前，我在跑步机上批改作业。我想给学生一些大致的反馈，于是一边在跑步机上走路，一边用学习管理系统中的本地录制功能进行评论。这扩大了我的舒适区；我从来没有那么随意地进行分享，但它很真实，也得到了学生的关注。真的，就在几周前，那个班上的一名学生，现在也是北亚利桑那大学的一名教师，告诉我他现在还记得那次公告，因为看着老师在跑步机上对着学生说话实在是很不同寻常。还有一个关于真实性的例子，去年我在视频里回答了一个学生的问题，以便说清楚学生的一些疑虑。我用智能手机上的视频录制软件录制了90秒的回复。录制过程中，我的两个女儿突然出现在身后，开始扮小丑。如果是以前，我会停止录制，把她们赶出房间，然后重新录制。但这次我简单地介绍了一下她们，让她们安静下来，然后继续录制。学生告诉我，他们很高兴看到我的另一面——一个在家工作的母亲，他们也从视频中得到了有用的课程相关信息。

在这些年不断录制即时补充信息的过程中，我越来越喜欢这种非正式、随意的方式。当我用笔记本电脑的摄像头录制时，会在便利贴上草草记下三到四个要点，随手贴在镜头右边，然后以日常会话的语气回顾要点，确保说话时眼睛向右看笔记的动作在录制的视频中不太明显。像大多数技能一样，随着练习越多，视频录制会越来越容易。再次提一下菲利浦·郭的研究，他的研究表明，不太正式的方式可以帮助线上学习者参与课程，相比面授课堂，人们在线学习时的注意力持续时间更短。

但是，如果你对录制视频公告还不熟悉，或者相比我的即兴方式，你喜欢更严谨地计划，你可以效仿乔安娜·吉兰特的方法。吉兰特是亚利桑那州立大学的经济学教授，她在亚利桑那州立大学的在线教学网站上解释了她是如何制作和使用每周视频的。吉兰特用她每周的公告来为这周的教学内容做准备，并且像我一样，去解决她那一周收到的问题，也许是提及当前的某个事件或者进一步解释让学生困惑的概念。但是她的视频比我的做得好。吉兰特在视频中对幻灯片进行讲解，并结合图像、动画和短片，以吸引和保持学生的注意力。她会为视频写文稿，其中包括什么时候推进幻灯片和播放动画，还会使用电脑上的视频编辑软件来编辑录音。如果这种方法与你的教学风格契合，那就花点时间学习制作这种视频公告。通过练习，你可能很快就会熟练掌握制作过程，从而在整个学期中更加高效、快速地制作出需要的视频。

虽然教学小视频最好是在学期开始前制作，但不妨尝试快速制作这些视频短片来补充信息。毕竟，你在线下课堂也会这么做，对吧？你会说几句话来解释学生的困惑，而不是发下去写着评论和解释的纸。选择直接对着镜头说话吧，你的面部表情、声调可以很大程度上帮助学生理解你的意思。用快速的、随意的视频给他们提供这些非语言提示。

● 利用现有的媒体资源

我坚信需要在线上课程中加入一些自己的视频。学生会想看到和听到你——他们的老师——讲课。但你不必每一个话题都另起炉灶。我确定，你知道在某些地方可以找到大量高品质的媒体资源。花点时间查找相关的视频、录音和图像。网上有大量的资料，找到并分享一些有影响力的内容可以增加你现有教学材料的深度和广度，也能帮助学生更深入地了解你所教科目的细微差别。

例如，一位教组织心理学的老师发现他的学生不能很好地理解课本上的概念。他了解到，这些枯燥的教科书中呈现的思想并没有引起学生的共鸣。他是怎么解决的呢？他发布了《上班一条虫》[1]里的片断（在版权许可的情况下是可以的），使这些概念变得生动起来。看到这些引人入胜、幽默的电影片段，学生立即理解了这些原理的运作。

这里请再次注意，技术是用来解决问题的。这位老师并不是仅仅因为觉得《上班一条虫》有趣而分享它。这种做法可能属于"寓教于

---

① *Office Space*，美国福克斯电影公司在20世纪发行的喜剧片，讲述不堪忍受乏味工作的彼得·吉布森在被催眠后一反常态反抗公司规定的故事。

乐"这一不确定的范畴，但这位教师发现了一个问题，并应用了有效的技术解决方案。在考虑添加任何媒体资源时，请仔细思考它如何帮助学生实现学习目标，以及它能解决什么问题。如果你找的媒体资源对这两个问题都没有什么用，那就不要用。

在寻找相关的视频、音频和图像时，请记住另外两个注意事项。第一，大致考虑媒体的种类和来源——新闻媒体档案、TED演讲、来源可靠的图片，甚至是视频网站上对经典作品的幽默总结，等等。在近期我教的关于英雄、恶棍和怪兽的研讨会上，学生就通过发现和分享一些视频来自娱自乐（而且，我必须说他们也学到了很多东西）。

第二，谨慎使用新兴技术。在《在线思维：用技术进行有效教学》一书中，米歇尔·米勒很好地概述了多媒体学习理论。她指出，说到多媒体学习理论，大家最常会想到理查德·梅耶[①]。米勒解释说，"多媒体学习理论的核心是多媒体原则，它认为与单纯的文本相比，在文本中添加图片或图表或其他类似的表现手段可以提高学习效果"。这个概念似乎容易理解，但她进一步解释说，"一系列变量相互作用，通过多媒体实现深层次的学习"（引自梅耶的《多媒体学习》），并继续对这些变量及其多种相互作用方式进行了有用的概述。书中还说："多媒体学习的操作要义是什么？添加的图片一定要与你所教的内容有实质性联系。为了添加图片而添加会让你的课程内容更好看，却会影响学习效果。"经过有意挑选的图片和媒体可以有力地影响学生理解，这似乎合乎逻辑，但重要的是要考虑与此相反的情况：添加与内容不直接相关

---

① 圣巴巴拉加利福尼亚大学杰出的心理学教授，致力于研究学习科学在教育中的应用。他在多媒体学习、计算机支持学习和计算机游戏学习方面做出了重大贡献。

的图像、视频和音频可能会让学习者不知所措。确保你添加的媒体资源是与学习内容相关的，而不会分散学生注意力。

提醒一下大家，为线上（和其他）课程寻找现有媒体资源时，需要注意版权问题。

● 找到适当的技术工具解决问题

使用在线技术工具时能采用怎样的轻教学策略，从而达到以可行但有效的方式实施技术解决方案的目的呢？记住重点是解决问题。不要仅仅因为听说有人在使用某个技术工具，而且它听起来很酷，就选择它。为了帮助你最有效地教学，要选择实用的技术工具来解决你遇到的问题。

一点一点地做出微小的改变后，大多数人都会收获最大的成功。如果因为大雨，屋顶漏水，那就先去拿桶吧，别一下把屋顶全扯下来。小型技术工具非常有效。相比之下，突然大规模应用复杂的技术工具可能适得其反，带来更多问题。

那么，如何确定什么样的技术适合在你的课程中使用而且能帮你解决问题呢？也许最有效的研究方法是在网上搜索与课程目标相符的应用程序和教育技术工具，而你的课程目标应该对应布鲁姆教育目标分类学中的各个认知层次。

似乎有无数种可用的技术，而且每天都有更多的新技术涌现。但关键是要找到一种技术工具来实现你的教学目标，以及你希望学生达到的思维水平。

最后，再次强调，在线上课程中使用轻教学方法去应用技术工具，这一点太重要了。想要获得更大的成功一定要从小的改变开始。确保你能得心应手地使用这项技术，如果不行，它就不是好的选择。还要记住，其实仅仅使用学习管理系统中的基本工具集就可以进行有效的教学了。鲍彻和康拉德强烈建议老师们使用学习管理系统中的公告、讨论区、作业和测验等现成的工具开始线上教学生涯。他们说："在任何新环境下第一次教学，或教新的学生时，最好简单一点，使用你所在学校支持的基本工具集。"他们还补充说："幸运的是，学校提供的学习管理系统现在都包括了大多数用于教学的交流工具。"在简要介绍了学习管理系统中可用的基本工具（比如以上提到的那些）之后，鲍彻和康拉德分享了一条宝贵的建议：

不要太为难自己，不要期望自己第一次在这种新环境中教学能表现得很完美……你还在学习新数字工具的使用，了解它们的功能，以及当进展不太顺利的时候如何处理。

所以，如果你刚接触线上教学，一定要用学习管理系统里的、学校支持的工具。但是，如果你已经准备好了，打算使用学习管理系统之外的工具，下学期就小试一下某个有针对性的工具。下一次你再教这门课的时候，再扩展和完善你对这个工具的使用，循序渐进。不知不觉，你将能够有效地进行线上教学，充分利用一系列强大的技术工具对学习的促进作用，不断提高学生的学习效果和参与度。

需要注意的是：要考虑使用学习管理系统之外的技术对学生的影响。有的工具可能需要一个单独的账户或订阅费；使用屏幕阅读器或键盘命令的学生可能无法访问你选择的工具；如果是社交媒体工具，可能意味着学生必须在公共空间展示自己，而他们也许并不喜欢这样的方式。仔细想想其中的影响，并咨询其他有经验的教师，帮助你考虑可能连你自己都没想到的问题。无论你决定使用什么工具来加强学生的参与并促进他们的学习，都要确保这个工具能解决你面临的问题。

准 则

灵活使用媒体和技术工具

有目的地将技术工具融入在线课堂可以对学生的学习产生显著的积极影响。遵循以下指导原则有助于确保成功准备教学工具箱。

● 明确教学目标

创作在线课程时先写下教学目标，这些目标能够帮助你确定使用什么样的技术。什么工具可以帮助你实现教学目标？什么工具可以帮助你解决那些阻碍实现目标的问题？你可以详细了解在线教师可以使用的许多技术工具，但是要用批判的眼光去看它们。哪些能帮助学生学习？哪些符合你的目标？随着教学的进行，你会面临新的挑战、发现你曾错过的学习时刻、遇到意想不到的障碍。这些痛点是探索和实施新技术工具的机会。深入了解你想要解决的问题，这将有助于你找到最好的技术解决方案，并确保你有目的地使用技术。

● 前提是不要起反作用

人们普遍认为这个基本前提的提出者是古希腊医生希波克拉底。医生在提供医疗服务时，应当遵守的最重要的原则就是自己开出的处方不能伤害病人。同样，我们使用的教学方法不应该为学生制造困难，选择的技术工具不能妨碍学习。一些会影响便捷使用的常见障碍包括：

登录困难、自付费用、单独操作键盘无法启用功能、操作太过复杂以至于学生要绞尽脑汁学习如何操作。这些障碍不会促进成功学习，所以要仔细分析并测试技术工具的可用性，以确保不会给学生制造困难。

● 提供多种学习方式

添加媒体和使用技术工具可以极大地活跃线上课堂。但是要确保所有的材料和工具都能以多种形式使用（你所在学校的残疾或无障碍资源部门通常可以帮助你做到这一点）。通用学习设计原则告诉我们：为了让一个学生能使用技术而做出的调整也可能帮助其他许多学生成功学习。例如，带字幕的视频可以让有听力障碍的学生学习这些内容，但它也为非英语母语的学生提供了理解视频内容的另一种方式。你也可以提供视频或录音的全部文本。记得为所有的图像加标签，以便视障学习者使用的屏幕阅读器能够传达图片内容。如果选择使用学习管理系统之外的工具，请首先检查它的可用性。总而言之，要让所有学生都可以访问并参与你的线上课程，提供多种学习方式，让学习偏好和需求不同的各种学生都能获益。

即学即用小贴士

备全教学工具箱速成模板

线上教学内容可能是静态的大量文本。但通过有目的地使用媒体和技术工具，你可以打造更具活力和吸引力的课程。

- **制作简短的、三到五分钟的教学小视频**。录制幻灯片讲解或者直接对着电脑屏幕或智能手机摄像头说话录制。可以使用学习管理系统中自带的视频录制工具，也可以使用第三方工具或应用程序。

- **设置一些评分任务确保学生专心观看了视频内容。**设置简短的单选题测验或要求学生写出或录制自己的学习反思，这些方法都能督促学生观看或积极参与课程内容。

- **利用现有视频内容及你自己录制的非正式视频公告和补充信息促进深入学习，并让学生看到该领域内的细微差别。**从TED演讲、流行电影等各种媒体形式和渠道上获取视频片段。同时录制真实的、随意的视频片段进行信息补充。记住非言语线索对有效沟通的重要性。获取或自己录制视频，提供非言语线索，否则学生会觉得在线上课堂中孤立无援。

- **选择使用的技术工具要能够解决你遇到的问题并符合学习活动或整个课程的学习目标。**考虑使用一个新工具时，不管是学习管理系统的内部工具还是第三方工具，停下来问问自己：为什么要使用这个工具？如果使用它并不能帮你实现某个合理的教学目标，就不要用。

小结

几年前，为了实现一些健康目标，我决定开始写饮食日记。我花了几个小时在大厅的壁橱、杂物抽屉和柜子里找可以随身携带的袖珍笔记本，这些地方都装满了孩子们的活动和艺术用品。我很确定，女儿们以前玩餐厅游戏扮演服务员点菜时一定有留下一些袖珍笔记本。

搜寻无果后，我突然意识到自己的口袋里整天都装着一个设备，那就是我随身携带的手机。我完全可以在手机上找到一个可以用来记饮食日记的应用程序，却花了那么多时间去找一个不存在的笔记本，真是被自己蠢哭。我在应用商店里搜索，果然找到了几款功能齐全的应用程序，可以跟踪我从食物中吸收的营养、我的活动情况等。

在这个例子中，我遇到了一个问题，尽管费了些周折，但我最终找到了一个技术解决方案。很快，我就养成了每天跟踪卡路里消耗量的习惯，自然到甚至没有注意到自己在这样做。通过这种方式，这项技术轻松、无缝地融入到我的日常生活中。

媒体和技术工具在改善学生教育体验方面具有巨大潜力。让我们使用这些工具来帮助学生更有效地进行线上课程学习，注意不要给学生制造困难，也不要盲目使用技术。

第二部分

线上教学中的互动

　　第一部分主要讲的是精心设计线上课程的重要性。不管你的经验水平如何，线上教学一定比面授课需要更多的设计安排，尤其是如果你已经在线下课堂教学过一段时间。许多老师善于在课堂上即兴发挥。我们可能有使用了几年的材料：幻灯片、讲义、主动学习提示。线上课程既需要不同的材料和活动，又需要不同形式的互动，对时间的要求也不同于面授课。简而言之，我们需要用与面授课堂不同的教学方法，对线上教学进行有目的的设计。

　　这一部分关注的是我们教的学生——那些屏幕对面活生生的人。学习中包含的社会和情感成分非常强大。线上课程需要密切关注课程中涉及的三种潜在关系：老师对学生的情感关系、学生对老师的情感关系以及学生与学生之间的情感关系。在线上课堂中，学生可能独自一人用电脑完成作业，他们很容易忘记班上还有其他人可以帮忙。这与面授课的体验完全不同，因为在线下课堂中，其他人都明明白白地坐在教室里。而在网上，其他人的存在变得不明显。

为了应对这一挑战，第二部分我们将学习一些轻教学方法，在老师、学生和课程材料之间建立联系。相比面授课，线上课堂需要更多有意识的努力。这是可以做到的，而且多项研究表明，这样做会影响学习。人际互动对在线学生的成功至关重要，就像在面对面环境中一样重要。

第四章将探讨建立社群的重要性。当我们在网络课堂上建立一个强大而充满活力的学习者社群时，会显著提高学生个体学习和成功的潜力。如果我们不注意这一基本要素，就会看到高退课率、低互动性和最低参与度。我曾经在网络课程中看到没什么学生参与学习与讨论的萧条景象。为了避免这种现象，我们将探索有事实依据的方法，帮助学生积极参与课堂活动。

学习的另一个重要组成部分是收到对学习努力的反馈。反馈能够引导我们了解自己在学习过程中所处的位置。这种参照物极大地影响着学生的学习能力，但像许多其他教学活动一样，在线上课程中定期反馈需要花费更多精力。花点时间考虑反馈在学习中的重要性。人们可以通过单向传播来学习新的信息和技能，比如阅读书籍（就像你现在所做的那样）或观看视频（一种获取新信息的更简单、更快速的方法），但这种学习需要学习者付出更多的努力、专注和承诺。第五章介绍了提供持续反馈的轻教学方法，帮助学生保持学习状态。这些策略可以使我们花费合理的时间给学生提供频繁而有意义的指导。

在第六章中，我们探讨了教学的第三个方面：帮助学生成功完成线上课程。如果没有固定的课堂会面，没有教师和其他学生在场，线上学习所提供的灵活性可能会对忙碌的在线学生产生不利影响，因为他们可能没有充分了解完成线上课程需要付出大量时间，也需要较高的自我管理。因此，我们会探讨如何帮助学生坚持下去。

保持鱼线的张力时，通常会更成功地收起鱼线。忽略了这一点则会让鱼儿逃脱，有时甚至让鱼儿吃掉诱饵再逃走。线上课程也需要同样的定期的紧张感来让每个人都参与其中。有了紧张感，更多的学生会成功完成课程学习。想到我们正在帮助学生在取得学位的过程中实现又一个里程碑时，我们就会有动力去使用一些小策略来帮助他们。

几年前，我开始学习演奏宝思兰鼓①。我买了一个这种手持式爱尔兰鼓，找到了一系列很好的教学视频。但我现在会演奏宝思兰鼓吗？不会。我对视频教学失去了兴趣，因而没有坚持学。如果我购买一个老师的课程，更多地了解这种乐器及其丰富的历史，并且参加当地每周举行的凯尔特人音乐即兴演奏会，向其他音乐家学习，结果可能会有所不同。与人互动、建立社群、收到对我们的努力的反馈可以帮助我们坚持下去。为了帮助学生取得成功，我们将研究如何促进学生与课堂上其他人之间的互动。

---

① Bodhrán，爱尔兰传统乐器，由木材与山羊皮制成。

第四章

创建充满活力的线上社群

引 言

课堂激烈辩论：促进学生活跃互动

有次上课时，我说："风暴兵其实是好人，他们只是想维护法律和秩序。相反，是反叛军制造了所有的问题。"[1]

这显然不符合大家的认知。教室里突然一片嘈杂，学生们控制不住地讨论起来。有些人在自发的小团体中互相争吵；有些人一边说话一边在空中乱挥着手，引起我的注意。那些在学期进行到这个时候已经很了解我的学生则用一种冷漠的姿态，双臂交叉，对着我奸笑。他们的面部表情似乎在说：证明一下你说的话！我们不相信。

我点名那个最激动的学生来发表言论，我担心如果不让她把对此强烈的意见表达出来，她可能会爆发。她说出了自己的观点；第二个

---

① 风暴兵和反叛军都是《星球大战》中的军团。

学生大声反对；第三个学生以"回到她刚刚说的……"开始进行评论，然后对第一个女孩的观点表示了赞同。

激烈辩论持续了二十多分钟。每隔一段时间，我就会提出一种新的论点来搅和、挑战学生的观点，要求他们从电影中拿出证据来支持自己的立场。

我当然没有说服学生我是对的，我甚至都不相信自己所辩护的论点。但我们确实很享受这种生动的意见交流，通过仔细回忆电影中的场景来支撑自己的意见。下课时，我们的问题可能多于答案，但我们愿意继续交流，寻求新的理解。

后来，在期末课程评估中学生告诉我，那节课上的辩论帮助他们去了解别人的观点，思考与自己不同的观点，扩展了他们的思维。我很开心听到这些：研讨课的主要目标之一就是培养新的思维方式，而我们在课堂上的互动做到了这一点。

这种交流的重要性怎么强调都不为过。作为社会的一分子，我们都要互相学习。我们可能会学习不该做什么，可能会因为崇拜某人而试图模仿他们，也可能会因为别人对复杂概念的解释比老师的解释更有意义而产生不同的理解。

与他人互动能帮助我们学习新事物。在教室里，互动会自然发生，但在网络课堂上并不总是那么容易发生。正如我们所见，在线学生通常是孤立的，独自坐在电脑屏幕面前，自己学习课程内容。他们几乎没有与其他人，无论是学生还是老师，进行实时交流或合作。

虽然社会交流可能不会自然地出现在线上课堂，但新旧研究可以帮助我们了解如何对教学进行小的改变，促进实体课堂上的活跃对话和高参与度发生在线上课堂。

相关理论

社群感：让学生更积极参与和思考

想要在线上课程中创造一种社群感需要格外用心和刻意安排，但其带来的效果确实值得你花费一番功夫。学生在课程中的社群感（要知道，在面授课程中也并不总是可以有效建立这种社群感）对有效学习起着至关重要的作用。有两个理论可以帮助解释为什么会这样：一个理论有着近百年的历史，它帮助确立了同伴和社群在学习中的重要性；另一个是在千禧年后出现的，它提供了一个概念框架来理解如何在任何线上学习中建立这种社群感。

维果茨基是一位心理学家，他通晓多种语言，他的研究和写作主要集中在20世纪的头几十年。他的写作主题广泛，不是所有的主题都与教育有关，但至今他最著名的成就是提出了一个理论，即学生与同伴和教师的合作可以充分发挥他们的认知潜能。维果茨基认为，在任何时间点，个体学习者都会显示出某种学习发展水平：例如，假如一个学习数学的学生能够解决A类和B类问题，但仅限于此。而学生无法解决的问题类型，即C类问题，当他们与经验丰富的学习者（如教师）或同伴一起学习时，就能够被解决了。

维果茨基把学生当前的知识状态和他们在同伴帮助下可能达到的潜在知识状态之间的空间称为"最近发展区"。1935年，在维果茨基去世后首次发表的一篇文章中（这篇文章后来又被收录于1978年出版的作品集《社会中的心智：高级心理过程的发展》中），他这样描述：

我们认为学习的一个基本特征是它创造了"最近发展

区"，也就是说，学习唤醒了一系列内部发展过程，这些过程只有在学生与周围环境中的人互动并与同伴合作时才能产生。一旦这些过程被内化，它们就成为学生独立发展的成果。

换言之，学生从只能解决问题B发展到可以解决问题C的一个重要部分是他们对周围人的观察，与他们在任务（甚至游戏）中的合作，以及他们对已经掌握C类问题的人的模仿——此时，D类问题成为他们新的最近发展区。以维果茨基的研究为基础，我们认为人与人之间的联结和社群在网络课程中很重要。学生们需要的不仅仅是视频、文本和老师在网络上评价他们的表现，还需要同伴和老师现场帮助他们学习。

维果茨基的一生很短，还来不及帮助我们理解如何促进学习者在网络环境中互相帮助；为此，我们可以参考由一组加拿大研究人员（加里森、安德森和阿彻等）在千禧年前后提出的概念框架。从1997年到2001年，这些研究人员试图归纳在线学习体验的特点，为线上教师提供指导，同时也为未来关于线上教学效果的研究建立一个框架。1999年，他们首次将研究结果发表论文，这是一篇影响深远的文章，提出了"探究社群"的概念，作为创建和评估线上教学的框架。他们首次发表的论文就引发了对于社群在高等教育教学中的重要性的全方位研究，其中包括一个专门研究探究性社群的网络研究社区，由该领域的一些主要专家负责管理。

至今，那篇论文中提出的探究性社群的三个主要特征继续指导着该领域的研究。他们认为，教育的有效性取决于以下三个核心要素的存在：

1. **认知存在**。他们将其定义为"参与任何形式探究性社群的人通过持续交流来构建意义的程度"。这种意义的构建取决于学习者是否参与到各类活动中，包括对课程内容进行深刻反思，与课程材料建立新的、创造性的联系，或者开放听取新的观点和理解方式。

2. **社交存在**。这一重要特征包含的是"'探究社群'的参与者能够在社群中投射个人特征，从而向其他参与者展示自己是'活生生的人'"。通过"情感表达、开放交流和群体凝聚力"等因素，可以在探究性社群中建立或显示社交存在。

3. **教学存在**。最后这种存在形式与前两种形式共同起作用，以便"支持和加强社交和认知存在，实现教育成果"。实际上，通过在课程中"对教育进行设计"和"促进"学习，就能保证教学存在的发生。

当这三个核心要素共同起作用时，效果最明显。教师首先通过考虑课程中的实际学习者来实现自己在学习体验设计中的存在，并通过直接指导和反馈，在课程结构中创造大量与学习者接触的机会。但是，好的课程设计还会为学习者提供相互交流的机会（和激励），既可以帮助彼此学习，也可以建立社群感。当这两种存在形式建立起来后，课程中的学习者更有可能参与到主动的、协作的过程中，帮助他们通过认知存在构建新的知识。

对于高等教育的线上课程制作而言，这三种存在形式中最重要也最具挑战性的，很可能是社交存在。加里森等人认为："协作型探究社群和仅仅下载信息之间的质的区别就是社交存在。"如果你把社交存在与另外两种存在形式联系起来，就能更好地理解如何在线上课程中建立社交存在，因为认知存在和教学存在阐明了为什么要建立社交存在以及教师在这个过程中的作用，即要建立社交存在是因为它可以帮助学生在课程中更具认知性，换句话说，就是更积极地参与和思考。而你可以通过作为教师的存在来帮助创造这种社交存在。一开始你通过认真做课程设计，之后又通过与学生互动不断建立自己作为教师的存在。

在这两个方面，轻教学方法可以有所帮助。

教学模式

如何营造有利于学习和有效互动的课堂氛围

建立社群很重要，否则线上课程会成为一种非常孤立的学习体验，一旦我们认识到了这个，就不难实施策略来帮助实现这一点。首先，想想线上课堂的互动多么缺乏人情味。即使是参加过线上课程的学生和老师也很容易忘记，屏幕上的名字代表的是一个活生生的人，他可以从你的存在中受益，并通过他们的存在使你的学习受益。其次，我们在讨论区、课程信息或书面评估中阅读静态文本，却忽略了这些内容都是由一个独特的人写的，这个人具备先前经验或专业知识，可以帮助我们形成对课程概念的理解。在线上课程中创建社群，我们就可以帮助大家看到这些名字背后都是一个个活生生的人。

● 精心安排学生互动

"探究社群"框架以及维果茨基的研究都表明，学生与学生的互动有助于产生新的学习。对学生来说，仅仅学习课程内容是不够的，学生和老师有互动也不够，学生之间还必须要有互动，才能在线上课程中学习并取得成功。

乔舒亚·艾勒2018年出版的《人类如何学习》一书中提出了更多令人信服的论据来说明社交互动对学习的价值和重要性。他在书中说："为了进一步了解教与学之间的相互作用，我们必须深入探讨我们作为社会人的本性。事实上，我们之所以成为人类，很大程度上是源于我们的社会性。"艾勒接着强调了社交互动对有效学习的中心作用：

　　　　从根本上说，我们需要其他人才能过正常的生活。进一步来说，我们的社会性在许多方面推动着我们的学习。当然，我们可以独自学习，但很少能学得这么深，因为我们的学习很大部分是从社会性和与他人交流的本能需要中产生的。

　　为了帮助学生互相学习，同时也向我们——他们的老师——学习，艾勒鼓励我们"在学习过程中把作为人的社会性放在重要位置"，进而再进行课程的设计和教学。

　　在网络课堂上利用社交互动，尤其是学生与学生之间的互动，最常用的方法之一就是将线上讨论作为课程设计的中心要素。从一开始就建立社群的一个行之有效的方法是让学生在课程第一周发布自我介绍，这些介绍可以是文本或视频的形式，同时一定要激励学生们互相回复。你可以让学生向至少一个同伴进行进一步提问，帮助他们相互了解。引导学生马上参与到课堂内容中，可以让他们分享两到三个课程学习目标或对课程的期望，或者让他们说明计划用哪些元认知策略来取得成功，还可以让他们谈谈对于该科目已经了解的知识。也就是说，自我介绍的帖子不仅仅可以用来活跃气氛，还可以作为有针对性引入课程的材料。

如果适合你的课程，可以考虑让学生以视频形式进行介绍。几个学生跟我说，他们已经在线上课程中与同一个人合作了几个学期，却从来不能把名字和长相对上号。通过相对简单的音视频方式，我们可以多了解彼此，也可以相互学习到很多。很多工具使得这一点非常容易实现，从一开始就建立强大的社群，这样做会带来很大的好处。

我们需要通过有意义的线上讨论提示来继续课堂交流。事实上，在《建立有趣的讨论：在教室和线上课堂避免喋喋不休的策略》中，詹妮弗·赫尔曼和琳达·尼尔森指出，在线讨论可以"避免传统课堂上出现的一些问题，如时间有限、强势的学生太多"。为了最大限度地发挥线上讨论的潜力，一定要创建"可讨论"的讨论主题，即避免封闭式问题和提示。相反，为学生提供进行辩论、说服别人、分享与课堂概念相关的经历、讨论案例研究的机会或者其他更深入参与课堂材料和互动的方式。这一策略的关键是要求学生提交一篇原创帖，并至少回复一定数量同学的帖子。为了鼓励大家原创，在许多学习管理系统中，你可以要求学生在阅读别人的帖子之前先发表自己的意见。

此外，为每次讨论设定两个截止日期，一个是最初发帖的最后期限，另一个是几天后的回复截止日期，这可以帮助学生进行有意义的和及时的交流。把线上讨论的得分设置为几个组成部分，包括在交错的截止日期前完成讨论、回复其他学生，以及达到规定的帖子长度和质量，这样效果会更好。让学生运用课堂概念与同学讨论，这样，他们就需要进行批判性思考、为自己的论点辩护，并反思自己和他人与课堂内容相关的经验，从而更充分地吸收和记住课程内容。

作家兼教育家约翰·奥兰多在2017年"教师焦点"网站发表的一篇文章中提出了另一种有趣的方法来鼓励有意义的线上讨论。奥兰多对线上讨论要求每个学生发一个原创帖子和至少两个回复帖子的普遍做法提出了质疑。他认为，如果这一要求的目的是"催生创意"，那么对别人观点的回应可能比原创的（帖子）包含更多的见解和创意。奥兰多建议要求学生发"一到两个原创的想法"，而不是发一个原创和两个回复帖。其实许多在线教师也觉得让学生发原创帖和回复帖的做法有点怪。毕竟，在教室进行讨论时，我们会要求每个学生提供至少三个想法吗？而且其中一个一定要是新观点，而另外两个则是对同学评论的回复？不，我们不会这么要求。那会让人觉得不真实，而且太生硬。奥兰多鼓励我们同样放宽对参与线上讨论的标准期望，以鼓励有启发性的、真实的、创造性的社交互动。

　　一些老师觉得全班在线讨论会让人感到不知所措，发布的帖子和回复太多，反而让有意义的交流和学习陷入混乱。要解决这一问题，可以考虑使用大多数学习管理系统中都有的分组功能，创建小型讨论组。认知心理学家和资深在线教育家莫顿·安·格恩斯巴赫推荐大家尤其在大班教学时使用这一方法。她解释说："如果教学目标是让学生之间互动起来，同时让学生参与到学习内容中，你需要各个击破。"创建小型讨论组可以让"一个80人的大班感觉像6~8个人的小班"。在学习管理系统中进行设置，创建一些小组讨论，设置只有每个小组的成员才可以进入该小组的讨论区。和全班讨论相比，这使互动更集中也更有组织性。分组工具通常自带一些选项，如随机分组、手动分组或让学生自行分组。比如，如果每个小组的讨论话题不一样的话，你可以选择最后一个分组方式，学生就可以自己选择最想探讨的话题，让他们能一定程度上掌控自己的学习体验——对于这一点，第七章会更详细地阐述。群组创建和许多功能选项让你可以用这个工具找到鼓励有意义的学生之间互动的方法。

读到这里，希望你也赞同，安排学生互动以帮助他们最有效地学习是一件值得做的事情，尤其在线上课堂上。为了在教室里催生最好的学习，乔舒亚·艾勒指出，我们"应该使用策略营造有利于学习和有效社交互动的氛围"。然而，艾勒提出了一个问题，许多进行线上教学的老师也常常思考这个问题，即在技术支持下的网络课堂上，社交关系是否能够真正促进学习？她的原话是："技术能否让我们可以充分利用人的社会性来最大限度地促进学习？"这是一个很好的问题，也是一个值得思考的问题。当我们对线上环境和互动进行有意的设计和促进时，我认为是可以的。有目的地使用技术可以让我们充分地相互学习和共同学习。关键是要以轻教学的方式去运用技术进行社交互动：要基于学习的科学进行精心设计并谨慎做出教学上的决定。

● 让学生感知到教师的存在

探究社群框架中社交和教学存在的重要性表明，你有可能以课堂上其他人无法比拟的方式影响线上课堂的社群感。你在课程一开始和整个学期都在为课程定下基调并树立榜样。当你以教师的角色出现在课堂上时，你必须让学生感知到你的存在。这只是一个简单的做法，但可以极大地保持学生的注意力和参与度。

一个经常被引用的研究案例揭示了线上教师行为对学生反馈和教学质量满意度的影响。研究者比较了两位不同老师在同一个在线课堂的几个部分的学生评价结果。容我提醒一下：你可能认为学生满意度不是衡量教师教学成效的标准，但请回忆一下，有效线上教学的首要目标必须是保持学生的注意力和参与度。线上学习者很容易脱离学习，所以我们必须采取一切合理的策略来保持他们的注意力和参与度。当学生对教师的行为感到满意时，就可以推测教师在保持学生的注意力和参与度方面做得很好。

拉迪舍夫斯基特别关注了两位老师如何与学生互动、如何在线上论坛给予反馈。第一位老师的满意度得分远低于第二位老师，相比第二位老师，他更少发帖，而且第二位老师对于学生讨论帖的回应更亲切，比如，他会称呼学生的名字，对他们的努力表示感谢，然后添加一些个人轶事来进一步阐释学生的观点。拉迪舍夫斯基总结说，第一位教师虽然建立了认知存在和教学存在，但他发的帖子较少、较短，也不太亲切，而第二位老师除了建立认知存在和教学存在之外，还通过更频繁和更亲切的讨论帖子展示了更高层次的社交存在。

这项研究强调了线上课程中教师经常参与和支持的重要性。还记得开篇那个类比吗？学生在上课的第一天来到教室，却没人在场。同样的原则在整个学期都适用。如果学生开始觉得你从未参与课堂，他们也会不再露面，线上学习社群的活力会急剧下降。所以，活跃在课程中是非常重要的，这样才能保持课程中的互动。

线上课程可不像你最喜欢的慢炖锅食谱，设置好时间然后就不用管了。用这种方法可能无法培养有意义的关系。为了实现有效教学，作为老师的你应该经常登录上课系统，积极参与课程并让学生参与。可以把这想象成查看文火煨着的锅，你要经常搅拌、品尝，看看是否要加更多的盐。你与学生的互动可以很小，重要的是要经常出现，并确保学生知道你出现了。

最简单的方法之一就是频繁地发布文本或视频公告。这样做有两个目的：频繁的交流有助于保持学生的专注和进步。另外，你可以利用公告来实现一些重要的教学目标：澄清误解、总结一周的重点、帮助学生为即将到来的考试做准备。在一些学习管理系统中，甚至可以定时发布公告。通过这种方式，即使你实际上不在场，你也可以表现得在场——例如，如果约好的旅行会中断你的常规课堂活动，定时发布公告，不断提醒学生应该注意完成课程作业。

正如拉迪舍夫斯基的发现，在线上论坛中与学生交流也是很有帮助的。建立常规惯例，比如每周二、周四和周五在线上讨论区发布评论、问题和其他指导。花上几分钟阅读学生的帖子并补充自己的想法，当你参与学生讨论时，这对他们来说是非常有激励作用的；相反，如果老师从不参与线上交流，许多学生的积极性也会严重下降。

再次回想一下面授课的类比。如果你让学生对指定的阅读材料进行全班讨论，然后走出教室，你觉得20分钟后会有一场激烈的辩论吗？更可能的结果是，即便学生坐在教室里，他们也可能把注意力转到其他事情上了。你必须待在教室里，主导、引导并促进讨论，帮助产生新的理解。线上讨论也是如此。一定要参与并活跃在讨论中，将社交存在、教学存在和认知存在有机结合。拉迪舍夫斯基呼吁线上教师"促进学生参与讨论"，通过社交存在、教学存在和认知存在帮助学生学习。

除了在讨论中与学生互动外，通过及时反馈让学生知道你的存在也很重要。在学生看来，在网上提交论文或项目感觉就像把东西送到了外太空。如果学生等了很久还没有得到回复，如果你过了很久才确认收到了它，更不用说评分和反馈，学生们会感到沮丧。在教学大纲里写上一般批改作业需要的时间，并尽可能遵守。比如，写上"我通常会在截止日期的七天内给作业打分并反馈。如果因为特殊情况需要

调整，我会在需要的时候告诉大家"。如果无法按时批改，一定要发布
公告或课程消息给学生，当然要有正当的理由。一定要告诉学生发生
了什么事、你什么时候能完成批改，这样他们就不会担心你是否还在
参与课程、还在积极地查看他们的作业。

学生需要知道我们在他们身边，在积极参与课堂、进行教学和指
导、给予反馈、互动等，在做所有好老师会做的事情。而且，在"高
校情报"网最近的一篇文章中，加州社区学院系统的数字创新教学顾
问米歇尔·帕坎斯基·布罗克指出，对于日益多样化的学生群体来说，
老师对课程的参与特别重要。她说："建立关系是有意义的大学经历的
核心。成绩不好的学生很容易怀疑自己的学术能力，对于他们来说，
建立关系尤其重要。成绩不好的线上学生需要敬业的教师在场。"只要
积极出现在课程中并与他们互动，我们就可以帮助那些可能在网络课
堂上被边缘化的学生。

每一位线上学生都值得享受最佳的教学，为了他们，请出现在课
程中，而且请经常出现！老师的长时间沉默肯定会扼杀网络课堂的活
力。但是，只要花一点时间充分出现在课程中，就能让线上课程充满
活力。保持学习的社会性，这一点对线上课程来说非常重要。

● 显示教师的个性

除了和学生定期交流，另外一个建立教学存在的方法是让学生看
到你是一个真实的人。在《在线上教学中建立存在感：如何让远程学
习者感受到你的存在》中，罗斯玛丽·莱曼和西蒙妮·康塞索指出，
在线上课堂中建立存在感"不是一件自然发生的事情"。他们认为，因
为线上教师和学生不在同一物理空间，所以教师需要精心安排，才能

让学生感受到教师的存在。

一个很好的方法就是让学生更多地了解教师。我会在书中提出一些切实可行的建议教大家怎么做，但请记住，不用一下尝试所有的方法，这样做是不明智的。相反，选择一两个建议来试试，向学生展示你是一个真正关心学生的老师，这样，学生也会用热情和更多的投入来回应你，就像花朝向太阳一样。

为新学期做准备的时候，好好想想学生第一次进入你的线上课程时会产生怎样的体验。就像真正见面一样，第一印象很重要。第一次进入你的课堂，他们会了解到关于你的什么信息？从正确的角度出发是非常重要的，所以在开始上课之前，考虑一下你可以实施哪些轻教学方法。

例如，创建包含丰富媒体内容的课程信息来让学生了解你。向学生展示你的个性特征和专业背景。琳达·尼尔森和路德维卡·古德森在他们的优秀著作《最佳在线教学：将教学设计与教学研究相结合》中建议，你还应该分享一些信息来说明"你对课程内容感兴趣、很喜欢教学"，因为这有助于营造一种友好的氛围，促进学生学习。介绍自己的方法有很多，简单的、技术性的、复杂的都有。关键是要让学生记住你的名字和样貌，并对你有一点了解。

一个相对简单的策略是在线上课程中创建一个"教师介绍"部分。发布一张你自己的照片，可以是职业的证件照，也可以是和家人露营的照片，或者两者兼而有之。写一段简短的传记，概述你的学术背景、研究兴趣、个人爱好和追求。

有些教师喜欢制作自动幻灯片视频，向学生展示自己的一些情况。这是一种高度视觉化的介绍自己的有效方式，对学生而言，你不再只是屏幕上的一个名字而已。记住，你花在制作这样一个视频上的时间是值得的，因为你可以在不同的课程或连续几个学期重复使用它。

另外一种方式是录制一段简短的对着摄像头说话的视频，在视频中向学生介绍自己。正如我在本书其他地方所建议的那样，视频不一定要制作得多花哨或多专业，只需使用电脑显示器或移动设备上的摄像头录制两三分钟的问候，简单谈一谈你为什么会进入这个领域的教学，你为什么认为它与今天的学习者相关，你希望这个课程能达到什么目标。简短介绍一下你的家庭、宠物或最喜欢的娱乐活动。同样，一些网站和移动应用程序可以帮助你录制和分享简短的视频。别太担心你的讲话是不是完美，如果有点口误、有一根乱蓬蓬的头发或者狗在镜头前狂吠，都没关系。正如我们已经讨论过的，这些不完美可以帮助学生看到真实的我们，有助于加深师生间的关系和信任，以促进有效的线上教学。

另外一个需要考虑的问题是：在线上课程中加入图片和视频有助于创造更具活力和吸引力的学习体验，但要确保所有学生都可以查看课程材料。注意细节，如音频质量，即使是非正式的视频也要注意质量。使用耳机或带有内置麦克风的耳塞会有所帮助。

提供多种访问方式也很重要。理想情况下，视频应该有字幕，或者应该附有文稿。许多机构可以帮助你给视频加字幕，或者检查内容的可访问性。提供多种内容访问方式能帮助所有学习者，无论他们处于什么样的境况中。

让线上学生了解你的个性有助于建立教学存在和社交存在。课程的一开始向学生介绍自己，让学生可以了解你。在整个课程中，用文本发布公告或真实声音录制公告，让学生继续了解你。如果你要去参加一个会议，或者参加一个在其他城市举办的婚礼，让学生知道你会离开几天，但这并不意味着你抛弃了他们。或者分享一些关于你自己、你的个性和你的生活的细节。这些努力十分值得，对于建立人与人之间的关系也是必要的。

● 在课程设计和教学过程中包容各种文化

在网络教育中，一个经常被忽视但日益重要的问题是如何满足各种文化背景的学习者的需求。在网络课堂上，种族、性取向、政治关系、性别认同、信仰背景以及许多其他微妙的、多方面的文化形式存在差异，但在网络课程的设计和教学中，很少人会对这些差异进行规划或适应。为了建立社群，支持所有的学习者，并帮助每个人得到归属感，我们必须开始提高意识，了解文化背景如何影响在线学生的行为和参与度。

《人是如何学习的Ⅱ：学习者、境脉与文化》呼吁大家认识到"学习的文化性"。作者强调了这种认识的重要性，因为"环境和文化影响着在每个教室和每个学生身上发生的学习。学习环境、教育者和学生自身的特点都是由他们的文化背景塑造的"。我想很多老师都同意这一点，但我们都没做什么去应对文化差异对线上课程产生的影响。

考特尼·普洛茨在美国风险学生教育和专业标准委员会任职。她在工作中倡导教师要考虑不同文化背景学习者的需求，并帮助教师们认识到这一问题的重要性。当我们了解的信息更多时，就可以更好地帮助学生，并让他们融入我们努力建立的线上课程社群。普洛茨认为，尽管校园内有针对多元文化学生群体的支持服务，但在网络空间中，却很少见到类似的服务架构。她说："外部文化会影响线上学习，但我们却没有采取任何措施去应对。"相反，我们往往忽视了线上课程中的文化差异。但这样是错的，因为它会导致整个学生群体被边缘化，即使你是无意的：

> 教育边缘化学生的标准和教育其他学生的标准不一样。有很多方法和机制可以使你的课程更加严谨，但有的学生有自我效能，有的学生没有，为这些学生提供一个学习途径也是很重要的……有些学生回复你的邮件，有的学生不回复，有的学生会在讨论区发帖，有的从来不发，这些行为背后有文化背景的影响。（如果你忽视这些）你会一次又一次地失去某一群学生。

为了解决这一问题，普洛茨建议院校发展文化回应式线上教学，并评估本校线上教师的多样性。在个人层面上，我们都可以扪心自问，目前线上课程中文化多样性带来了什么样的作用和影响，或者可能带来什么样的作用和影响。

在2017年的一篇题为《文化多样性与线上课堂之我见》的文章中，凯伦·米尔海姆建议我们应该考虑"学生的文化背景如何在虚拟学习环境中体现出来"。她认为，"承认文化确实影响着学习是为多元文化学生群体进行课程设计和教学的重要一步"。普洛茨和米尔海姆提出的一个实际建议是，仔细监控线上讨论中的文化敏感语言和行为，例如学生发表贬义评论，或者学生对某些来自不同文化的同学的帖子的回复少于对其他同学的回复。如果我们发现了这种"明确的边缘化"，就可以采取行动解决或纠正它，比如删除有攻击性的帖子，或者以身作则对来自不同文化背景的学生的讨论帖进行适当回复。

线上美国学生联合会的教学设计师欧比亚格利·斯内德提出了另一个想法：引入一个保罗·C. 戈尔斯基做的"重要的多元文化馆教育改革项目"中的文化意识活动。斯内德尤其推荐将"姓名故事"活动作为讨论中自我介绍的一部分。你和学生可以分享自己名字的由来、意思、昵称、喜欢别人怎么称呼自己，甚至名字的发音技巧。其他学生进行回复的时候，可能会称赞名字好听，也可能会提问，这样，大家就能自然而然地讨论到文化价值观以及自己独特的文化背景中的重要元素。

寻找更多关于文化意识活动的点子、平等意识测验、案例研究和支撑材料，可以帮助你把这种活动和资源融入课程。这些材料不一定适合在线教学，但是没关系，你可以发挥你的创意，想想如何将这些方法应用到你的线上课程和面授课程中。但是，在调整如何促进线上学习的社交要素时，记得包容各种文化。

● 表达关心和支持

在线上课程中建立社群的最终方法是表现出对学生的关心。人与人之间的相互了解是双向的，学生对我们了解越多，就越有可能与我们以及线上课程内容互动。同样，我们也希望了解学生。和我们一样，他们不仅仅是屏幕上的名字，尽管有时会有这种感觉，但学生都是有生命、会呼吸的人。他们带着希望和梦想、压力和担忧来到我们身边，抽出时间学习。一定要记住，学生学习管理系统之外还有自己的生活，他们的世界不只有线上课程，有时，他们可能需要更多的支持或灵活性。

最近，一项针对12位教学设计师的现象学研究强调了在进行线上课程设计和教学时，充分考虑线上学生学习体验的重要性。"研究结果表明，所有受访者都认为对学习者的同理心是教学设计过程中的一个基本概念"和"同理心应该指导我们对特定教学设计中使用何种策略做出决定"。这项研究使用"同理心"这个词来表明，我们应该仔细考虑学生在线上课程学习中会经历什么，我完全同意这一点。然而，作家兼教育家凯文·甘农在2018年的一篇博文中指出，同理心教育法可能无法恰当地抓住以这种方式支持学生的理念，他说："而关怀教育法则欣然授受学生的一切，让他们在课程中做真实的自己，而且——最重要的是——让我们致力于保持这种风气和方法。"这样的区分是有用的；不管我们认为应该对学生有同理心还是对学生关心，我在这里要说的是，线上学习提出了独特的挑战，我们应该听从甘农的呼吁，努力与学生建立信任关系。要想做到这一点，我们就要认识到这种独特的挑战并为此进行规划。

安德烈·迪肯同样认为，关心线上学习者的需求非常重要。迪肯在她富有见地的文章《在网络课堂中创造关怀的环境》中说，线上教师往往忽视或尚未准备好应对线上学习环境中的社会和情感因素。她指出，如果不刻意关注教学中的这个方面，线上学生可能很容易觉得"线上课堂是一个冷冰冰的、没有人情味的空间，他们的想法和经历没有得到重视，老师几乎没有表现出对学生的关心，没有想办法去建立学习社群"。她鼓励我们花时间"仔细思考教学中的情感和社会因素如何在线上课堂中得以转变"。迪肯说，如果我们不这样做，学生很可能会认为"老师不重视、不尊重或不关心他们作为学习者的需求"。当我们停下来思考的时候，我相信大多数老师会说他们确实关心线上学生的需求，但光有意识是不够的，我们还需要努力在线上学习环境中有意识地传达出这种态度——我们重视和尊重学生，并希望帮助他们取得成功。幸运的是，许多小方法可以帮助我们实现这一点。

最近，我和一个上过我的线上课程的学生聊天，意识到了考虑线上学生需求的重要性。参加线上研究生课程的学生都是想拿到硕士学位，以寻求职业发展。我的学生几乎都是有家庭的职业人士。这个全线上课程的项目让他们可以在兼顾家庭的同时获得更高的学位。

我知道学生要同时应对不同的事务，所以建立了一个机制，允许学生在课程学习期间最多无条件推迟作业截止日期三次。这个学生告诉我，在课程进行期间，她的家遭到严重暴风雨的破坏，但几个月后，她还是按时完成了这门课。房屋受损带来的压力和时间上的紧迫可能导致她放弃生命中唯一可选的追求——线上课程，但由于我在设计课程的时候体谅这些忙碌的线上学生，允许他们推迟作业截止日期，她甚至不必花更多精力向我解释详细情况。她尽一切可能完成了课程，同时也成功修完另一门硕士学位课程。

对学生的生活和压力表示理解可以向他们传达你知道他们也是活生生的人，关心他们，并且努力与他们建立联系来帮助他们坚持下去。这些年来，无数的学生向我讲述影响他们学习的个人问题，如果你当老师有一段时间的话，应该也有同样的经历。有时候我们会对学生不按时完成作业的原因产生一种健康的怀疑。但我学会了不要马上下结论，而是试着相信他们。作为一个活生生的人，难免会遭遇压力，很有可能，甚至极有可能，学生生活中确实会发生一些负面的事情。不要过于严格和苛刻，灵活对待学生反而可以帮助线上学生取得成功。

在这方面，我最喜欢的轻教学策略是"失误令牌"，它允许学生在课堂作业上有一些回旋余地。在琳达·尼尔森2015年出版的书《规范评分：重拾严谨、激励学生、节省教师时间》中，我第一次读到了这一想法。这就像一张"赦免"卡。你可以根据班级情况，提供一个或多个这样的机会。学生交上一个令牌，就可以无条件推迟作业截止日期、修改和重新提交作业，或以其他方式弥补意外的挑战或无心之失。我们将在第七章中详细阐述失误令牌和规范评分，因为这种策略能有效帮助学生学会对自己的学习负责。我个人发现规范评分能有效实现两个目标——第一，建立灵活性，证明我关心学生网络环境之外的生活；第二，帮助学生认识到不按标准完成作业是要承担后果的。这个方法简直有奇效，真的——但后面再聊这个吧。

如果你想知道如何对这种策略进行管理，一个办法是为每个令牌创建一个隐藏的、未分级的评分中心栏。如果学生使用了一次令牌，在该栏中输入"1"。通过这种方式，你可以精简地对每个学生使用令牌进行跟踪，也可以给不使用令牌的学生加分。只需检查评分中心栏，如果在课程中没有使用过令牌，则为学生加五分。

失误令牌是传达同理心的好方法。除此之外，还有其他方法。其中一个非常简单但非常有效的方法是和线上学生安排五分钟的电话或视频会议。简短的谈话会产生强大的影响力。听到你的语调，或者通过视频看到你脸上的表情（你也能听到学生的语调或看到学生的表情）真的能帮助我们与学生建立联系。你可以在学期开始的时候和所有学生通话，也可以只和学习有困难的学生通话。例如，上学期，一个学生在上课的第一周就完成了所有内容，然后消失了三个星期。我考虑让她退班，但决定在这么做之前伸出援手。我给她打电话，交谈中，她解释说，她的未婚夫旧病复发，无法工作，他们陷入了财务困境。

像那个房屋严重受损的学生一样，这个学生放弃了她唯一的选择，在课程学习上掉队了。当我们交谈时，很明显她很惊讶我能理解，并愿意给她一个机会赶上来。当她解释说这样做可以让她保持良好的信誉以申请财务援助时，我能明显感受到她声音中的欣慰。你可能会觉得我对她太温柔了，但我并不是总这么做。你的班级可能无法提供这种灵活的时间安排，我的一些班级也一样。但如果可以的话，尽量跟学生实时交流，看看可以怎么帮他们解决问题。与学生交谈可以消除误解，澄清令人困惑的概念，并真实表达你的支持。

最后，你可以通过询问学生上课情况或学期进展情况来表明你对学生的关心。这个简单的做法表明你关心他们每一个人，学生很欣赏这种做法，并会作出积极回应。你可以在公告中提出这个问题，然后对他们一直以来的努力表示感谢和支持。有时候，当我感觉到线上课堂气氛特别低落，全班似乎不像正常情况下那么投入时，我会单独发课程消息给每个学生。我将邮件正文粘贴到每条消息中，提高效率。我问学生学习进展如何，我可以提供哪些帮助？大多数学生会简短地回答："谢谢关心，一切顺利。"对于那些遇到问题的少数学生，我可以单独与他们沟通，这样不需要付出太多时间。但你可以想象，得到这样关于个人情况的亲切询问能对学生产生很大的影响，花时间发送这些信息确实带来了新的活力和更积极的参与。

可能你的线上学生太多，无法实施这种做法；再说一次，我只会在线上气氛很低落的学期这样做。但是，基本的理念，即对学生表达明显的、真实的关心和支持，确定可以促进信任的建立。众所周知，这是创建在线课堂社群的一个关键因素。因此，值得思考一下如何在你的线上课程中做到这一点，面授课和混合课程当然也能从这种拓展做法中受益。

准 则

展现对学生的关心和支持

大家现在应该清楚，在线上课堂建立社群是非常可行的。向学生展示你是一个活生生的人，你关心学生，会一直在课程中支持他们，不要让线上课堂成为一个孤立的学习环境，学生就会与你和其他同学积极互动。以下原则可以帮助你找到建立社群的轻教学方法。

● 创建最近发展区

有意构建学生与学生之间的互动，设计有趣的、有意义的讨论论坛、建立支持机制，如分阶段的截止日期和评分准则，以帮助繁忙的线上学生保持学习进度。考虑将模块分配给不同的小组进行讨论，这样，每一组学生都可以就一个章节或主题的内容培养专业知识，然后，学生之间相互引导学习，帮助其他人在最近发展区域中取得进步。我们可以利用线上课程中的社交互动来帮助学生向进步更快的人学习。

● 实现教学存在

有效的线上课程的一个决定性特征就是教师的频繁出现和持续的支持。学生在课程中可以看到你或听到你说话吗？他们是否能通过书面文本了解你的个人情况和职业情况？整个学期你做了什么来引导他们学习？许多线上教师不知道如何在线上课堂中"教学"，因为教学内容可以被包装好或预先设定好在某个地方，就像课本一样。但你其实是可以在线上进行活跃的教学的。学生渴望能像在教室里一样，一旦

115

你发现他们没听懂，你就会进一步讲解专业知识、指导他们、即时做出反应。在网上，你可以通过发讨论帖、公告、强调本周主要概念的总结帖、澄清概念的短视频，甚至在适当的时间打电话，来实现这一切。你会发现这些引导性的互动在本质上是有益的，因为它们可以提高你对教学的满意度。

● 支持社交存在

你愿意参加一个专业会议还是完成一个自学的线上专业发展模块？我们大多数人都珍惜与志同道合的人聚会，珍惜建立人际网络、分享想法和相互交流的机会。许多学生也会有同样的感受，他们更喜欢在校园上课带来的面对面学习体验。但很多时候学生只能通过线上课程来完成学习，这可能让学生感到焦虑和孤独，但也有助于你寻找方法去建立活跃的线上学习社群。不要虎头蛇尾：从我的个人经验来看，一开始你会很积极，随着学期越来越忙，就会逐渐淡出课堂互动，这样很容易打击学生的参与和学习积极性。找到与学生互动的有效方式，并坚持到最后一周。老师的持续参与将促进学生在课程学习与互动中的积极性。

即学即用小贴士

建立高参与度线上社群速成模板

如果你有线下教学的经验，就知道在线下很难保持学生的注意力。就像放风筝一样，一定要拉紧风筝线，不然一不留神风筝就飞走了。对于线上学生也是如此。你能看到他们会有放松的时候，比如参与度很低，评估成绩不高，做尽可能少的努力通过课程。一定要保持紧张感，积极互动并不断吸引学生的注意力，帮助他们成功。建立社群是实现这一目标的有效途径。

- **要求学生在课堂进行互动**。可以采取线上发帖讨论、小组讨论或小组项目的形式，也可以让学生录制简短的介绍视频，并相互回复，以加深对彼此的了解。

- **尽可能经常出现在课堂上**。根据我的经验，老师对课程的参与越多，学生的参与也就越多。经常发布公告，与学生进行线上讨论，并及时提供评估反馈。如果学生能经常在课堂上看到我们，他们也会更积极地参与进来。

- **在第一天上课之前，发布一些个人信息介绍自己**。创建一个基于文本的页面，用一张或多张静态照片制作一个视频，向学生展示你的生活和兴趣。在整个学期中，用真实的声音与学生交流，展现你的个性。

- **培养你的文化意识**。考虑种族和其他文化背景对学生在线上课堂学习体验和互动的影响。在课堂设计和教学中争取做到包容。可以使用"姓名故事"等活动作为开始。

- **培养和表现出对学生的真诚关怀**。为自己，或者为学生，在课程中留有余地，给予一些灵活的空间来应对生活中的突发事件。当需要时，使用失误令牌或其他方法来缓和课程规定。

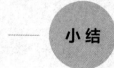

小 结

时至今日，人们仍然觉得线上课程和学位项目不如面授课。在我看来，很大一部分原因是，早期的线上课程感觉就像电子函授课（不幸的是，如今许多课程仍然如此）。以前，网络学生独自学习课程内容，远程提交作业。一些积极性很强的学生可以在这样的环境中取得成功，但许多人不能。

很多人需要一个充满活力的互动环境，在这种环境中我们可以向同伴学习并与他们一起学习，从而获得进步。事实上，这正是"探究社群"框架产生的原因。加拿大的研究小组开始了解并强调在线上课堂建立社群的重要性，防止出现电子函授课现象。对这个框架进行轻教学的应用，加上有意的设计来创建最近发展区，可以为学生带来强健的学习体验。

好消息是，在网上营造活跃的环境并不难。如果你对此持怀疑态度，不妨想想我们在社交媒体上看到的活跃互动。有人发布了一些有影响力的东西，不管是吸引眼球的、快乐的、悲剧的、煽动性的，还是讽刺性的，许多人立刻做出反应并加入交流，这些交流可以持续几天、几周甚至几个月。社交媒体向我们展示了远程互动的可能性。

对课程和学习成果进行认真思考后，你可以实施策略来与学生建立关系，建立信任，帮助学生充分发挥他们的认知潜力。

第五章

持续、及时给予学生反馈

引言

没有教师评论的英语作文：反馈能促进学生学习

侄女问我："你改一份论文要花多久？"我开始解释这取决于写作作业的长度和类型，并编了一个数字："哦，平均大约20分钟，我想，这取决于我的评论有多细致。"

说着说着，我停了下来，意识到她其实对细节并不感兴趣。"你为什么这么问？"我说。侄女说她想知道英语老师通常需要多长时间来批改并返还一套论文。我又问她为什么想知道。她接着告诉我，在上一学年里，她在英语速成班上从来没有收到过一篇有评论的论文，全班没有一个人收到。大家提交了论文，然后就再也没看到它们。

我很吃惊，问道："那你怎么知道如何改进呢？"她回答说："就是啊！我不知道。"她解释说，她和同学可以在网上查询每一份作业的得分，但他们从来没有收到针对性的反馈，告诉他们哪些方面做得好以及要写出更好的文章需要哪些改进。

也许我们不愿承认，但这种缺乏反馈的情况在线上课堂中更为普遍。出现这种现象的原因也许是，在线上课堂中，教师不能按时与学生见面。面授英语课时，我会提前决定打算在哪一节课上返还学生的论文。在我第一学期的教学中，我实际上第二天就把所有的论文都返还给学生了。我知道一年级的学生很关心自己的表现，出于同情心——也许还有某种执着的骄傲——我总是尽量在上第二次课的时候把批改好的论文返还给他们。

这种做法没持续多久。但是当我们知道每周二和周四上午9:30会见到学生时，会有一个内置的机制提醒我们及时返还试卷和论文。如果拖得太久，学生们就会开始问他们什么时候能拿回作业。他们之所以能这样做，是因为他们知道我们在哪里以及什么时候会见到我们。上课时间是星期二上午，他们知道我们那时会在教室里。他们可以让我们给出一个返还作业的时间，也可以现场问任何他们想问的问题。

对于线上课程，情况未必如此。学生并不清楚我们什么时候会出现在课程里解答问题。而且，由于在异步线上课堂中通常没有预先设定的上课时间，所以我们看不到学生，也不记得他们一直在等我们对他们在大型项目、甚至是整个学习过程中的各个小型项目中的表现做出反馈。我们看不见他们，可能也会忘记他们。

这些相互独立但又相互关联的问题——教师没有及时提供反馈，学生没有明确的途径要求或接收反馈——导致了不尽如人意的线上学生学习体验：感觉孤立无援，不知道自己的表现如何，也不知道怎么解答心中的疑问。我见过一些忽视学生的极端例子。一位同事告诉我，有一次，他参加了一个为期十周的网课，第二周的时候，他在问答论坛上发布了一个关于期末项目的问题，到了第八周，仍然没有得到回答。

几年前，我参加了一个为期六个月的线上职业发展认证课程。老师对作业提交的确认和作业情况的反馈总是断断续续的。也许课程的开发者并不认为专业人员需要反馈；他们的学习体验设计中似乎并没有包括这一部分。或者，就像很多老师所经历的那样，评估学习的时间比预期的要长，于是老师很难及时批阅参与者提交的作业。不管是什么原因，这个经历提醒我，要让所有学习者在任何时候都了解自己的学习情况，这一点很重要。

当然，线上教师也需要合理安排自己的时间。第一次进行线上教学时，我发现自己从早到晚都在围着课程转：查看帖子、回答问题、与学生互动。我必须意识到，老师的参与并不意味着全天候待命。但我们确实应该回答学生的提问，并在合理的时间内对他们的作业提供反馈，以帮助学生学习；应该在更多作业到期提交之前批改完手头的作业；应该在由于出差参加会议等原因需要离线的时候告诉学生，如果我们没有及时回复，大家不必担心。

我们在上文中主要讨论了反馈的两个非常实际的方面：第一，确保学生能够收到反馈；第二，确保他们及时收到反馈。作为一名线上教师、学生和其他线上教师的导师，经验告诉我，以上两个方面在线上课程中通常都是缺失的，因此我们将在本章中重点探讨这些问题。当然，我们还希望确保反馈是有意义和有效的，因此我们会先介绍一些关于如何确保我们的反馈有助于学生学习的研究，然后会介绍一些教学模式，告诉大家如何在线上课程中提供始终如一的、及时的反馈。

相关理论

总结性评价和形成性评价：通过反馈意见指导学生改进

教师有必要提醒自己，反馈通常发生在什么情况下：批改学生作业时。在这种情况下，反馈可以达到以下两个目的之一：证明我们给学生的分数是合理的；为他们下一次评估作业提供具体的改进指导。第一种反馈目的更多地与评判学生表现的总结性评价相关；第二种反馈目的更多地涉及形成性评价，即在学生进行高风险任务之前，给学生机会尝试一些任务，并给予反馈。

尽管很多老师不希望进行总结性评价，但我们需要通过总结性评价来衡量学生的表现。几乎所有线上课程都要求对学生的学习做出总结性的评判，并转化为分数。极少数教师完全不批改学生作业、不对分数做任何解释。

学生希望得到的是有针对性地帮助他们改进的反馈，特别是在频繁的低风险评估中提供的反馈，但他们却很难得到这样的反馈。如果老师在整个学期积极对学生的表现给予形成性反馈，可以显著提高他们的学习效果。芭芭拉·沃尔沃德和弗吉尼亚·约翰逊·安德森在他们的著作《有效评分：大学学习及评估工具》中指出，学生"对学习的参与部分取决于在学生眼里老师对他们的关心和友好程度，包括考试和评分系统是否公平、是否有帮助，以及教师是否会与学生沟通他们的学习情况和成绩"。如果我们想让线上学生积极参与课程，就必须尽可能频繁地给予他们公平、有益的反馈。

两个核心原则可以指导你思考如何在线上课程中给学生提供这样的反馈。一是，反馈要及时。亚瑟·奇克林和塞尔达·甘森在一篇关于"优秀本科教学的七项原则"的重要文章中写道："没有及时反馈的评估对学习几乎没有帮助。"虽然关于反馈应该多及时尚无明确的研究结果，但一项对五十多个相关研究进行的荟萃分析发现，对于小测验或类似课堂活动评估这样的低风险评估来说，即时反馈帮助更大；而对于更重要的评估（如考试），延迟反馈则更为有益，可以让学生在回顾考试和听取反馈意见之前有一些时间休息大脑和审视自己的表现。因此，在对高风险评估做出反馈时可以慢一点，但对于低风险评估，要缩短时间，快速反馈。

二是，在对学生作业的所有评价中都要明确说明下一次如何改进，而不是简单地解释你给的评级或分数的合理性。沃尔沃德和安德森说，专注于分数的合理性是一个"普遍陷阱"，它导致我们关注学生作业中做得不好的地方。但他们认为，"我们的主要责任是帮助学生进步"，他们建议我们在评价学生作业时问自己一个核心问题："学生这次需要什么帮助？"对这个问题的回答将成为我们反馈的动力。

学生当然想知道他们为什么会得到相应的分数，但我们应该如何向他们说明呢？你可以考虑如何区分对学生表现的总结性评价和形成性评价。詹姆斯将对学生主要评估任务的意见分为两类，明确标注为"这次"和"下次"。"这次"中的评论主要对这次完成任务的情况进行评估；"下次"中的评论会指导学生如何改进。同样，弗劳尔也将评论分为"优势"和"改进方向"两类。"优势"分类下的评论强调学生做得好的地方；"改进方向"中的评论提供了具体的改进思路。当制定自己的反馈策略时，思考一下可以如何帮助学生最清楚地看到有助于他们学习的反馈。

在本章中，我们将重点放在向学生提供反馈意见上，这意味着我们将不会深入研究关于分数和评分系统的棘手问题。沃尔沃德和安德森的书对于分数和评分系统进行了深入探讨，如果你在这些领域寻求帮助，他们的书值得一读。

教学模式

如何提供及时反馈和有效反馈

为学生提供帮助，并及时提供反馈以支持他们的学习进度，这项工作并不一定要耗费大量时间。如果是传统面授课，你可能每周会花几个小时在教室进行课程相关活动。这里介绍的模式可以帮助你有效地将同样的时间巧妙分配到每周，有力促进学生的学习和成功。

线上反馈有两个重要方面：及时反馈和有效反馈。本章的前两个模式提供了关于及时性的实用建议，后两个模式侧重于反馈的质量，中间的一个模式则兼具及时性和有效性。有些是小型、简单、易操作的建议；有些则更复杂，如果你有更多的时间去计划或更多的线上教学经验，这些建议可能会更成功。这五个模式将提供大量想法，告诉你如何对教学方法进行小的改变，给你的学生提供有用的指导。

● 巧妙设置截止日期

多年线上教学后，我终于明白，如果我不想在周日晚上处理令人焦虑的学生邮件，就不应该把每周的单元作业截止日期设置在周日午夜。吸取了这一教训，现在我更巧妙地设置截止日期。例如，如果知道直到周六我才有足够的时间来批改作业，我就不会把项目截止日期设置为上个周日晚上；如果我知道要出国旅行一周，就不会在这段时间内布置复杂的任务，因为学生可能有很多问题需要我及时回答。

简言之，考虑你自己提供反馈的可能性，就像在制订课程计划时考虑学习活动的适当节奏一样。

这就回到了我之前说的，即学生不一定知道你什么时候会在线上实时回应。在其他环境的网络生活中，他们已经习惯于期待即时回应。传统的大学生习惯于给朋友发短信后收到即时回复。正如某网站上的一篇文章所指出的，"当青少年看到朋友或伴侣收到信息但没有回复时，会变得焦虑和沮丧"。这些学生可能会希望在线上课程中同样能得到及时反馈。

不仅十几二十岁的学生是这样；我们所有人都习惯了使用能够提供及时回应的技术。例如，许多在线购物网站通过同步聊天功能提供实时帮助。网上交易时，我们都希望自己的问题能得到快速、有针对性的回答。然而有些学习管理系统并没有提供这种聊天工具。即使你用的学习管理系统有这种聊天工具，你也不可能像学生那样日夜时刻在线。学生在需要帮助的时候往往得不到帮助。

我丈夫刚刚完成了一个线上暑期班的学习，我仔细观察了他的行为。作为一名勤奋好学的学生、全职大学老师和三个孩子的父亲，他把上课时间精心安排在每天晚饭后。他经常会对参加的学习活动的一些细节提出疑问，但他的导师晚上不在课堂上，这是可以理解的，只是仍然会造成一些困难，因为他永远不可能在这一天的上课时间得到回答，只能对作业说明的每一个方面进行系统分析，决定最佳的完成方式，然后希望自己的判断是对的。

我们不必全天二十四小时回答学生的问题，而应该对截止日期进行有意的设置并告诉学生多久之后会给予反馈，这样学生就知道，如果没有得到及时回应也不必惊慌。

现在，我把在线单元学习截止时间设置于周一午夜。这样，我周一白天都有时间可以于截止时间前查看学生最后提出的问题。我的学生大部分有全职工作，我估计他们会在周末学习。如果他们在周日给我发邮件提问，我可以在周一回复，这样他们就可以在周一晚上根据需要修改作业并按时提交。

● 与学生实时、及时沟通

这个轻教学策略还是关于及时回应学生需求，它相对简单，但比起巧妙设置截止日期来说，需要更多的计划。这个方法能帮助很多线上教师，却常常被忽视。

很多老师习惯性地认为线上课程是异步的。有些线上课程是通过实时虚拟课堂完全（或几乎完全）同步进行的，但今天大多数的有学分的线上课程都不需要大量的同步课堂活动。换句话说，大家不需要同时参与课堂活动，就像我在书中说的，事实上，这是在线学习者选择线上课程的一个主要原因。他们需要时间安排的灵活性，在兼顾工作和家庭的同时攻读大学学位。但课程大部分是异步进行的并不意味着不需要同步或实时互动。

如果你曾经和同事互发了12封电子邮件也没有取得任何进展，然后拿起电话和他通话，你就会知道快速交谈是多么有效。交谈时，我们可以回答问题，澄清误解，解决问题，达成共识。与无休止的邮件往来相比，通过电话解决问题所需的时间要少得多。

线上课程中也是如此。有时，比起精心撰写的文字说明、录制的视频或电子邮件回复，简短的实时对话是一种更有效的沟通方式。

在介绍构建同步互动的一些轻教学方法之前，有必要澄清一下我不建议的事情：对于你安排的在任何一天任何时间进行的活动，都不要强制要求学生出席。例如，有些教师出于好意，要求学生在工作时间参加一个课堂介绍或课程学习。但是，如果某个在线学生在当地制造厂工作，要值晚班，那么你精心安排的晚上七点的课程就无法进行。你可能觉得学生也有全职工作，晚上七点是一个理想的上课时间，甚至觉得自己放弃晚上的闲暇时间来满足学生的需求很了不起。但事实是，你安排的任何一个会面时间都无法满足所有学生的时间表。

解决方法包括为同一事件举行多次会话、选择性出席，或者将同步会话录制下来以便无法参加的学生稍后查看。只是不要强制要求所有在线学习者能够参加某个实时会话——在很多情况下，这是不可能的。

出于这个原因，我往往不会进行实时线上辅导，但如果你想采用这种方法，我会在下一个模式中提供一些建议。我觉得我的课程内容并不复杂，完全不用进行实时授课和问答。我的线上课程非常实际，依靠工作和家庭中使用的日常技术就可以完成学习。

因此，我更喜欢安排与个别学生进行强制性或根据需要的对话。回想一下我们在第四章中讨论的在线上课程中露面的重要性。当学生无法理解某个概念或需要一些个性化的支持时，有什么比抽出时间和学生们交谈更好的方式呢？你是需要与每个学生进行实时对话，还是仅仅需要和特定的学生进行交谈，这取决于许多因素。如果你教的是大班，你可能不想与每个学生都进行十分钟的对话。但是假设你的班级人数适中，并且你预计学生会因为一些困难的内容而感到焦虑，在课程的第一周，花点时间与每个学生进行简短的交流是非常值得的。

你可以让学生使用在线文档或表格登记一个时间段。创建一个时间表，列出几个会议日期和时间，学生根据先到先得的原则选择会议时间。或者使用某个在线计划服务系统。使用这种系统的好处是，它提供的功能比自制的注册表要多。例如，它可以直接与你的日历连接，并在学生预约的时间之前向他们发送自动提醒。无论你选择哪种方式，你和学生都会喜欢电话这种经常被遗忘的简单工具。我经常发现这是最有效、最方便的选择，因为学生总是随身带着手机，或者看起来是这样。这是一种简单的连接方式，有时甚至很快就能接通。当然，你也可以采用视频会议。无论你选择什么交流工具，花几分钟时间与学生交谈都能极大促进他们的参与和学习。

我认识一些这么做的老师。他们告诉我，跟每个学生进行十分钟的交谈能获得极大的效果。他们在短短几分钟内向学生传达出他们的热情、兴趣和相信学生能成功的信心。如果你在课程中加入这个元素，可能需要给学生提供一个讨论的提示或主题，或者你打算和他们讨论的一系列问题。对话可以主要是社交性的，也可以是与课堂内容相关的，或者两者兼而有之——你可以告诉学生自己的教学偏好和关注的主题。在那次电话交谈之后，你的学生很可能会更愿意向你寻求帮助，因为他们知道，你——他们的导师，是一个有爱心的人，会帮助他们取得成功。

尽管我认为与每个学生安排一次通话很有价值，但我并没有在自己的课程中使用这种方法。相反，我把这种机会留给那些需要特别关注的学生，比如某个学生第一次交的作业远远达不到要求，显然他没看懂作业说明；或者某个学生在个人生活和工作中遇到了一系列意想不到的困难。无论哪种情况，在双方都方便的时间打15~20分钟的电话（你可以使用我上面提到的在线计划服务系统来约时间），对于帮助学生重新振作起来，在课堂上继续进步有奇效。

　　我相信，比起谈话的具体内容，理解和支持的语气更能让学生相信自己能成功。在第四章中，我提到最近与一个因健康危机而落后的学生通话，正如我在那里说的，在所有这些对话中，我能明显从学生的声音中听到宽慰。在简短的实时对话中，我几乎可以听到他们的压力得到了舒缓。比起一百条文字消息或录音，这样的通话和视频会议电话更能促进学生的学习和成功。

● 有创意地进行实时线上辅导

　　进行实时线上辅导是帮助学生学习的好方法，它是还原实体课堂的最佳方式。但由于种种原因，许多老师发现它的效果不尽如人意。前一个模式中有提到，举行线上辅导会面临许多挑战。学生的闲暇时间不一样，所以出勤率通常很低——即使学生有时间，他们也常常选择不参加。即便他们来参加，我们可能会遇到一些技术困难，比如音频和视频问题，这些问题会干扰学习，并让你和学生都感到沮丧。

　　帕特里克·洛文塔尔想弄清楚为什么他举办实时线上辅导通常都不成功，于是他和同事一起研究了如何让基于视频的同步线上辅导对线上学生发挥最佳效用。他们对以前不尽如人意的实时线上辅导做了一些改变，调查了学生觉得什么方式有效、什么方式无效，并相应地调整了新的方法。由此产生的虚拟辅导参与度更高，更具互动性，从学生的学习体验来看总体上更成功。洛文塔尔和他的同事提出了一些有用的设计建议，我将在这里重点介绍几个：

● **重新命名实时线上辅导**。洛文塔尔知道学生很少参加教师的课外辅导，所以把他的同步辅导称为"快乐时光"，他还建议了一些其他名称，包括"茶歇时间"、"下午茶"或"咨询"。使用更有吸引力的名字不仅可以让辅导课显得不那么正式，而且可以使其更具支持性，也不那么吓人。

- **减少实时线上辅导的举办频率**。虽然每周举办虚拟辅导是很常见的，但洛文塔尔发现每学期只举办四次60分钟的"快乐时光"会更成功。他会根据什么时候见面最有用来巧妙地安排举办时间。例如，你可以在考试前举办一个同步复习课，或者考虑在一个主要项目或论文提交后举行一次现场反馈会，以解决常见错误，并帮助学生了解如何改进。

- **提前宣布安排好的辅导时间**。把它们列在教学大纲中，并在课程第一周讨论时间安排。让学生把这些辅导时间列在日历中并计划参加。

- **鼓励学生在同步活动之前提交问题**。通过这种方式，你可以有针对性地制作辅导内容，或者准备一些要点来解决学生共同的困惑。

- **提供奖励措施，例如参加可以加分**。一定要为那些"不能参加直播辅导的人提供类似的学习体验。例如，给这些学生提出具体的问题或提示，让他们在观看录像时作出回应"。

● 用技术精简评分

这个模式直接进入了提供高质量反馈的范畴——反馈的另一个重要特性。事实上，相比面对面，在网上你可以更好、更容易地完成一些事情，比如用可用的技术工具精简评分。

学习管理系统中的评估量表工具能有效评估学生在线上（以及混合式和面授）课程中的表现，却未得到充分利用。当我还是全职教师时，我手动批改了数百名在线学生的研究论文，之后才意识到可以在学习管理系统中创建一个评价标准。现在，作为一名教学设计师，我看到许多教师用微软文档创建的评估量表来评分，而不是使用学习管理系统的评分工具，他们比我当时可强多了：至少他们的学生有一个评估标准。但是在微软文档里下载、标记、保存和上传每个学生作业的评估量表比使用学习管理系统的评估量表所花的时间要长得多。

在评估学生作业或讨论帖子时，提前花些时间和精力准备可以为你节省指数级的时间。花点时间在学习管理系统中创建一个有效的评估准则，这可能不像听起来那么简单。评估量表是一种复杂的评估工具：使用得当，它们可以为你节省大量的评分时间，同时还能为学生提供丰富、有力的反馈。花点时间研究和设计你的评估量表，你可以在接下来的几个学期重复使用它。

为了方便设计过程，你可能会发现用微软文档或类似工具可以帮助你创建原始的评估准则，一旦你设计出了满意的标准、成绩级别、措辞和得分分布，很快就能创建出学习管理系统的评估准则。将文档中的文本复制并粘贴到评估工具中，通常你还可以选择每列或成绩级别是显示分数、占比，还是显示分数或占比的范围。你可以定制与科目和教学目标相一致的评分标准和评分方法。

有的学习管理系统还需要你将评估准则与作业联系起来。换句话说，它可能不会自动联系。一旦完成了这项工作，你就可以将评估准则设置为对学生可见，让他们明确地看到你对作业的期望。

当你开始用学习管理系统的评估量表评分时，你会发现花在评分上的时间显著减少。它们通常易于使用，当你点击相应的单选按钮选择学生的成绩级别时，它会自动计算学生成绩，并将分数或百分比直接导入学习管理系统的成绩中心。评估准则工具能让你在极短的时间内轻松地给出反馈，让学生知道自己的优势和需要改进的地方。记住，这种节省时间的工具在面授或混合课程中同样有效，只要你让学生在线提交作业而不是交纸质作业。

当然，要确保你的评估准则与作业说明高度一致，并且每个单元格中的描述对学生是有用的。只要做到这一点，你就可以节省大量的评分时间，同时保证学生收到高质量的反馈。

● 通过媒体工具给予有意义的评论

另一种提供高质量且有效反馈的方法是使用音频或视频工具录制评论。虽然我显然喜欢看书面文字（正因为如此，才有了现在这本书），但在将反馈转换为文字的过程中，可能会使其会失一些细节，因为无论你表达多么清楚、措辞和句子风格多么谨慎，文字都缺少一些引导双方的额外线索。语调可以表达强调、体谅或热情，面部表情可以传递鼓励、关心、乐观，肢体语言可以传达兴趣、注意力、支持。只有书面文本时，所有这些都无法表达。

有一个很好的例子可以展示音频反馈的使用。我同事在她给一年级上的在线研讨课上使用了录制的评论。她第一次跟我讲这种方法时我还不熟悉这一想法，但仔细思考之后，我发现这个方法非常简单，却非常有效。

这位同事解释说，将她对学生论文的评论录制下来可以有效地传达对学生的支持。她知道新生可能会感到某种程度的焦虑和怀疑，所以她去鼓励他们。她向我演示了如何评论："我看得出来你试图在这里写一些支持性论据，这可能不太容易，但你确实需要对论据进行解释，建立有力的论证。"这句话写在这里只能传达字面意思，但她在演示的时候大声说出这句话，声音里充满了体谅，对这项任务的难度表示理解，对学生付出的努力表示赞赏，也明确强调了学生需要如何改进。她用真诚的语调表示对学生的关心，效果很好。

你还可以用媒体录制工具拍摄一小段对学生说话的视频。在2015年的一项关于在本科和研究生教育课程中使用视频反馈的研究中，研究人员发现，学生和教师都发现视频反馈比书面评论更有用、更能激励人心。将录制的视频链接粘贴到评论文本框中，就能有效将视频评论分享给学生。脸部特写，最好是面带积极的表情，向学生传达教师相信他能成功的乐观情绪，这将使你能够以一种细致又有效的方式与线上学生交流。

如果你从未录制过评论，那你现在可能还不确定是用视频还是音频录制反馈。一些人可能更喜欢使用视频。还有一个方法是将学生的论文显示在屏幕上进行讲解，同时录屏，这是一个好主意，但需要懂一点技术。如果对提供媒体评论这一想法感兴趣，一点点地来吧。为录音做准备需要更少的时间，所以录音比录制视频花费的时间更少，但仍然可以带来巨大的回报。

想让线上学生了解你在反馈中传达的具体意思吗？直接对他们说，就是这么简单。

准　则

通过学习反馈培养学生自我效能

鉴于线上课程的独特动态，必须有意识地通过定期和持续的学习反馈帮助学生，以下原则可以教你怎么做。

● 及时响应

这一点我说过很多遍了，这里还是要强调一下，一定要回答学生的问题并让他们了解自己的表现如何。面授课时，学生知道何时何地找到你，而且，很重要的一点是，他们会按时出现在课堂上。在网络课堂上，情况并非如此。通过回答问题并在合理的时间内尽快反馈学生表现，可以缓解学生的焦虑。在教学大纲中明确说明你什么时候会回复学生邮件和返还批改过的作业，如果有意外的事件耽误了这些工作，通知他们，解释原因，并告诉他们你什么时候回来。让学生能联系到你，你将得到值得的回报——学生会更积极努力地学习。

● 利用技术

相比面授课，我们在线上教学时可以更高效地做很多事情，其中之一就是使用技术来提供高效而有意义的反馈。让技术工具提供的服务为你所用，利用嵌入式或现成的技术，如学习管理系统的评估准则、音频或视频录制功能，甚至是经常被遗忘的手机，高效地与学生沟通并影响他们，对他们的学习情况给予有针对性的具体意见。当你在任务中使用适合的技术工具时，你花费的时间不会太长。

● 设身处地为学生着想

想想你对自己的表现感到焦虑的时候，比如你当学生时的经历，或者你提交了文章给该领域的权威期刊进行同行评议时的等待。也许在工作中，你的上司是不透明的；你不知道自己的表现如何，也不知道哪里需要改进，你得不到指导或及时的回答，对自己的处境没有明确的认识，这会让你更焦虑。想想自己在缺乏指引无法有效前进时的感受，给予学生相应指引，帮助他们获得最大的成功。通过提供帮助来表现对学生的体谅和关怀。

即学即用小贴士

创造定期和持续的学习反馈速成模板

学生需要你有针对性和及时的指导，以培养自我效能感。他们需要知道自己在课上的表现如何，以及如何改进。别让他们在怀疑的阴影下萎靡不振，而应该通过及时有效的反馈让学生获得更大的成功。让他们了解自己的表现是否达到了你的要求，学生会察觉到你的支持，并继续努力以回应你的支持。

- 合理安排截止日期，以便在任务截止前回答学生的疑问，并在之后返还批改后的作业。

- 通过电话或任何视频会议工具与学生进行实时交谈。安排时间与每个学生通话，或者根据情况与需要额外帮助的学生通话。通过简单的交谈方式，与学生建立联系，促进理解。

- 采取有创意的方法举办实时在线课堂活动，合理安排流程，确保活动有意义，有效地利用你和学生的时间。

- 创建学习管理系统的评分准则，快速批改学生作业，同时提供详细的个人反馈。

- 录制音频或视频来评论学生的表现，让他们看到细致的反馈，通过声音来表达强调或体谅。

小结

一天晚上，14岁的女儿在吃饭时对我说："不确定性是最难的。把它写进你的书里。不确定性是最糟糕的。"她指的是她高中一年级的生活充满了未知，但她的观点似乎与本章特别相关。

事实上，这正是我丈夫在前面提到过的在那个线上暑期班所面临的最大挑战。虽然他学习很勤奋，但无论是在他有问题的时候还是在别的时候，他从老师那里得到的反馈都很少。遗憾的是，他完成了75%的课程，老师却从未对他的表现或进步给予任何反馈。在这种明显缺乏指导的情况下，他不知道自己表现得如何，一度觉得自己这门课会不及格，但他坚持下来了，并最终收获了回报——他的努力和自主学习能力让他得到了A的成绩。

我的丈夫是一个成熟、有高度进取心的人，他能够在这种不确定性面前坚持下去，但我们的许多学生却不行。当他们不了解自己的表现时，焦虑和气馁也就不足为奇了。消除不确定性，管理小的反馈来帮助你的学生。

第六章

帮助学生坚持下去

引　言

为学生呐喊：给予学生结构化的支持

"必须为学生摇旗呐喊！"

生物系的同事向我讲述她为帮助学生完成严格的线上速成课程都做了什么工作。她承认，有些教师可能会抗拒扮演"拉拉队队员"一般的角色，于是修改了自己的措辞，用了"辅导"和"指导"之类的词语。然而，我清楚地看到这位生物学教授对学生的成功充满热忱，她说话时的每一个音节都流露出她的热情，她一定会帮助学生完成课程，不论遭遇什么困难。

那天晚些时候，我又和一位教广告和公共关系的同事交谈。她说："我以前认为自己的工作只是教授知识，不屑于纠正学生不专业的行为，但现在，我认为自己的工作很大一部分是帮助学生成为有能力的成年人。"换句话说，她认为自己的部分工作是帮助学生学习如何在当今社会取得成功，这项任务远远超出了她的课堂内容。

我真的很喜欢这些交谈，因为两位老师让我想到自己用卓越教学帮助学生成功的初衷。显然，他们都很关心自己的学生，愿意付出超出授课内容之外的努力去帮助学生取得成功。这并不意味着他们会降低内容难度或提高学生成绩，而是在教学中融入了支持结构，使学生能够迎难而上、努力学习、坚持下去。

我在自己的教学中一直都是用这种方式帮助学生，不论是在大学课堂还是在舞蹈教室，抑或是普拉提课上。在所有这些环境中，学习者都需要鼓励。他们需要体谅和支持，尤其是在新的、不熟悉的或引起焦虑的环境中。需要有人帮他们消除疑虑，告诉他们通过努力、毅力和韧性，他们可以实现自己的学习目标。

每月的一个星期六，我会在当地健身房教普拉提初级班。上个月，在我准备音乐的时候，一位成员在课前紧张地走到我面前，说："我以前从来没有学过普拉提，毫无头绪。"

我笑着说："太好了！你来对地方了。这个课程刚好适合你。这是初级课程，所以我会一直给你很多指导和建议，我敢肯定你永远知道该做什么和怎么做。"

我接着给了她一些建议，比如说她不需要穿鞋子，我们会在整个课程中脚触地面，练习核心肌肉，并穿插一些放松的伸展。我告诉她课程内容，但主要目的只是安抚她，鼓励她一切都会顺利。下课后，她感谢了我，说很喜欢这个课程，下次还会来上课。她听到一些鼓励的话，我看到一个坚定的微笑，我的新普拉提学生克服了她的紧张情绪，在新的健身旅程上迈出了第一步。

在周五中午教的成人爵士乐课上我的做法也一样。我的学生里有些是在小时候跳过舞，后来就没有机会再尝试了；有些是第一次尝试跳舞，以此来改变他们的健康习惯，让生活更有活力。所有的成人舞蹈学生都表现出某种程度的紧张，有一些不知所措。

我反复地告诉他们，我很佩服他们愿意尝试一些超出他们舒适区的新事物。我不仅教他们如何跳新舞步，还花同样的时间教导他们要有耐心，不断练习新舞步并坚持下去。我跟他们说一些舞者通过坚持克服新舞步的挑战而取得了长足进步。在三个学期前，我的一个学生开始来上课，她完全没有接触过爵士舞。虽然她不熟悉这项运动，但她很努力练习，经常回来上课，而且很有耐心。我们一起跳舞的这段时间她取得了很大的进步，我把她当作一个例子，告诉大家尽管偶尔会遇到小挫折，但仍然要坚持下去。

我还会重点强调他们在一个学期内的进步。第六周左右，我会开始说："九月份的时候你还做不到这个吧，现在看你进步了多少！"每次学习一个更复杂的、需要更高技巧的新舞步时，我都会重复这句话。我会对他们说："你能做到的。""你学会了！"

如果我们想让学生成功完成课程，同时课余生活也取得成功，那我们确实需要给他们这种鼓励。但他们不仅需要语言上的鼓励，还需要用具体的策略来帮助他们取得成功，这些策略既要存在于课程的架构中，又要能够在紧要关头为他们提供帮助。有了结构化的支持，再加上我们积极、鼓励的态度，学生就很有可能在线上课程和课余生活中取得成功。

相关理论

成长型思维：努力、坚持和反思对学习的益处

《如何设计教学细节》中有一章讲到培养学生的成长型思维，这一概念是卡罗尔·德韦克提出的。德韦克和其他人数十年的实验表明，当学习者相信自己的智力是可变的、可以提高的，他们在学习任务中取得成功的可能性更高。相比之下，一些学习者的思维被德韦克称为固定型思维，这意味着他们认为智力是一种静态的东西——智商在一出生时就固定了，一生也无法改变。

思维研究者们一直认为，我们可以说服学习者摒弃这种关于学习和智力的固定型思维，从而帮助他们取得成功。当学习者将固定型思维带入学习，会给他们造成诸多限制。如果他们认为自己的智商天生就不高，那么在面对挑战时就会放弃。他们可能会想，我就是不够聪明。如果他们认为自己的智商天生很高，可能会不去完成作业。他们可能会想，我不需要做老师布置的家庭作业，自然也能学会。无论他们觉得自己天生聪明还是生来愚钝，固定型思维都会影响他们学习。

庆幸的是，德韦克和这一领域的其他研究者都证明，思维模式是可以改变的。通过教育，人们可以跳出固定型思维，转而明白智力是一种可变的事物，可以通过努力得到提高。但过去几年，对于在教学中改变学生思维模式能产生的价值，有越来越多的争论。一些批评家认为，这样做的好处被夸大了。例如，进步主义教育者认为，过于关注学生的思维模式可能会导致我们忽视教育系统中的结构性问题，或课堂与社会中的不平等，我们不能通过改变学生的思维模式来治愈教育中的所有弊病。

不过，支持思维模式作用的研究也越来越多。这些研究很深刻却也还是有局限性。问题的真正原因在于，这一方法被过分简化并包装成了灵丹妙药。改变学生的思维模式并不能消除那些由于贫困、种族、性别或性取向而受害的学生所面临的挑战。太多的教师（和管理人员）试图简单地在课程中处理思维模式的问题：例如，不表扬学生的表现，而是表扬他们的努力。

2015年，德韦克做出了以下解释，希望消除对思维模式教育的抵触情绪，同时改变这些过于简单化的做法：

> 努力学习是学生取得成功的关键因素，但不是唯一因素。学生需要尝试新的策略，并在遇到困难时寻求他人的意见。他们需要一系列方法来学习和进步，而不仅仅是努力。努力是达到学习和进步目标的一种手段。

这就是下面将要介绍的教学模式背后的逻辑，也是《如何设计教学细节》书中的逻辑。学生要取得成功，需要的不仅仅是努力，还需要一位让他们有机会"尝试新策略并寻求意见"的教师、让他们专注地向"学习和进步的目标"迈进的教师。我们需要在与学生的沟通（如以下的第一个模式）和课程结构（如后面三个模式）中创造这些因素。

在这里，我们将探讨如何利用思维模式理论帮助学生在课程中取得成功。虽然这个理论能帮助解释支持学生成功的重要性及其可以产生的作用，但我们在这里不会讲解识别和改变思维模式的具体策略，而是告诉你具体怎么做可以让学生知道努力、坚持和反思对学习的益处，并将这些内容融入课程结构中。

教学模式

如何提升线上课程在线率

我们有很多策略可以用来对付线上学生容易走神的倾向。事实上，只要老师积极参与课堂、经常和学生互动并及时提供反馈，情况能得到很大改善。第二章、第四章和第五章介绍了许多轻教学策略，让老师能够在线上课程中帮助学生学习。但我们能做的还有很多，而且应该去做。以下方法可以让我们在线上课程中更好地做到这一点。

● 推动需要帮助的学生前进

给需要额外关注的学生发一封私人邮件，尤其是如果在学期初就发，将会对他产生巨大帮助。

那位十分热衷于帮助学生成功的教生物的同事在教为期八周的线上课程时，会在学习周期的第三天了解每个学生的情况。如果学生尚未访问课程或发布的内容，她会向该学生发送个人电子邮件，询问她是否能帮上什么忙，并提醒学生她的课节奏很快，好的开始是很重要的。

亚利桑那大学医学院的教授佐·科恩也通过类似方法得到了一些有力结果。她的免疫系统生理学课程有三次考试，对于在第一次考试中不及格的学生，她会逐一发邮件给他们，通常两百人的班里约有二十名学生不及格。科恩使用这种完美的轻教学方法帮助学生坚持下去。她发的邮件正文都是一样的，但是在发给每个学生时，她会称呼他们的名字："你好！×××"

在查看免疫系统生理学课（课程编号431）第一次考试得分时，我看到你考得不太好，现在还是学期初，我们可以看看是哪里的问题，想想怎么改进。

　　她会继续问一些引导性的问题来了解学生对考试的准备情况。"你有来上课并参与课堂讨论吗？你有没有自己的学习小组？你有没有在辅导时间来找我讨论课程内容？"最后她会对学生加以鼓励，表示她愿意帮助学生一起"让剩余的学习更顺利地进行"。

　　第一次发这些邮件时，学生们的回复让科恩感到惊讶。她以为大家会怪她没有帮助他们为考试做准备。相反，她收到了几封回信，感谢她愿意帮助他们，并决心改变做法争取更好的表现。三年过去了，科恩现在把它作为一种常规做法。她已经看到了这种做法带来的影响，并认为这种少量的时间投资是值得的。

　　科恩上的是面授课，但她的"推动"策略很容易应用到线上课程中。这种慢慢引导学生做出更明智决定的想法源于一本很有影响力的书，泰勒和桑斯坦在2008年出版的《推动：改善关于健康、财富和幸福的决定》。其基本但具有革命性的前提是，我们可以通过给出建议选项或鼓励来影响人们做出更好的决定。比如，科恩这种个性化的邮件就可能帮助学生形成良好的学习习惯。

　　像这样的推动在线上课堂可能更重要。告诉学生你在关注他们，表达你对他们的关心，在学期初尽早发送一封带着友善和支持的语气的私人电子邮件，让他们改变自己的行为，从而取得更大的成功。像科恩一样，这个小小的额外举动所产生的影响可能会令你惊讶。

● 签订学习目标合同

尽管线上学习正在迅速发展，但它仍然是一种新的学习方式，许多学生没有什么线上学习经验。

正因为如此，学生需要有人帮助他们理解在这种自主学习为主的网络环境中他们应该怎么做。我们可以在课程刚开始的几天让他们提交一份学习目标合同，教学生做出学习承诺并履行。

虽然学习合同不是新事物，但它可以有效地帮助学生制定自己的成功策略。一本关于学习合同的著作曾提及，"学习合同让学生在项目或课程一开始就拥有学习的自主权，它促使学生反思自己的学习情况，并建立明确的学习目标和项目时间表"。帮助学生自主学习是帮助他们坚持和完成线上课程的好方法，因此非常值得考虑使用。

学习目标合同的前半部分有助于阐明你对学生课程学习的期望。总结一下课程学习失败的线上学生通常哪些方面做得不够，创建一份声明列表给学生签字。例如，可以列出一些类似这样的声明，让学生签署协议：

- 我已阅读并理解教学大纲。
- 我仔细查看了课程安排时间表并在日历中备注了各个截止日期。
- 我已了解要成功完成这个八周的课程，我每周就需要学习16~18小时。
- 我已经安排好时间，一周至少在不连续的四天登入课程学习。
- 我可以而且应该在讨论区的问答论坛发布课程相关的问题。
- 如果落后了，我会参加线上辅导。

让学生把文件打印出来，在每条声明旁边签字并注明日期。然后让他们用手机或平板电脑拍一张照片，上传到一个低风险测验中获得分数。把该活动设置为完成后才能查看剩余的课程内容。

这样做的好处是，你有学生的书面协议，以防日后发生投诉。当然，缺点是你签署的每一份最终用户协议都是一样的。我们往往会在不阅读使用条款的情况下勾选"我同意使用条款"旁边的复选框，只是为了继续并开始使用应用程序。学生也可能不思考同意了什么，就签名、拍照并上传。

出于这个原因，我想在目标合同中添加第二个基本部分。最近，我参加了一个职业发展研讨会，它要求我们为下一学年制定一些目标，活动内容简单明了：提示要求我们写下两个目标、说明一件为了实现目标必做的事、一个可能干扰实现目标的挑战，以及一个克服这一挑战的战略。用这种方式写下声明、阐明计划，使我们在研讨会上形成的原本模糊的想法变得具体。

目标合同将教师的期望与学生设定的目标相结合。提供一份列有声明和签字空间的文档，在下面让学生写下自己的两个目标、一件必做的事、一项挑战和一个策略。学生把它打印出来、签名、手写目标部分，然后拍照上传图片。添加的这个部分让学生思考成功的具体计划，使这项活动变得相当强大。这个简单的活动可以帮助他们设定目标，重要的是，让他们看到自己能够实现这些目标。

除了让学生写下合同中的目标部分，也可以让他们选择录制一段视频，说明自己的目标和计划。一些学生可能觉得用这种形式把美好的想法说出来会更有说服力。不论是手写还是视频形式，都要让学生表达出他们明白为了成功需要付出什么，并明确他们计划如何去付出。

● 使用掌握程度测验

那个为学生加油鼓劲的教生物的朋友还用了一个方法——掌握程度测验，这极大地帮助了她线上课程中的高危学生。这个方法很好理解，即在每个学习模块前要求学生先完成一个零分值的词汇测验，虽然在期末成绩中不占分数，学生却需要在这个测验拿到满分后才可以查看这个模块的学习内容。如果得不到满分，他们就无法继续这个模块的学习。

学生有无限次机会，可以反复进行测验，直到得到满分，然后才可以继续学习。

在一系列关于课堂真实学习的文章中，特蕾莎·吉利亚德－库克和布兰登·韦斯特解释说，掌握程度测验可以用来让学生"展示基本知识或词汇"，并"加强他们对这些基本概念的理解"。作者进一步指出，掌握程度测验之所以有效，主要有两个原因：第一，它们是低风险的，因为学生可以多次参加考试以获得成功（大多数学习管理系统会让你输入一个数字，例如可以三次尝试，你也可以把它设置成无限次尝试）。第二，掌握程度测验"要求学生反思他们没掌握的知识，并让他们有机会回去弥补知识上的漏洞"。我们应该抓住一切机会帮助学生反思并弥补知识上的漏洞。

我们可以帮助学生在此类测验中获得所需的100%正确率（或者你设定的任何掌握程度——也许对于你的课程来说80%正确率就够了），并通过在测验反馈中加入指导和解析来培养学生的自立能力。尼尔森和古德森指出："此类反馈很容易操作，但往往被忽视。"花点时间为每个学习管理系统里的测验设置自动反馈，我们就能指导学生自主弥补知识漏洞。记住，就像许多轻教学建议一样，你付出的时间是有回报的，这些小测验可以在新的学期重复利用。例如，你可以设置针对错误答案显示以下反馈："不正确。请复习课本第342~344页。"或者直接让学生点击教学小视频上相应的时间点来复习相关部分，这时就可以设置如下反馈："这不是最佳答案。请重新观看视频上2分15秒~3分的内容，重新思考回答。"

在我同事的课上，掌握程度测验的目的是确保学生理解生物学术语。她认为，如果学生不理解术语，就无法学会概念。为了增强学生学习新知识的能力，她要求学生掌握词汇。在这种测验中，她可以为学生提供帮助和学习架构。

在她为期八周的线上生物通识课上，许多学生曾经都没能完成为期16周的面授课。面授课上学习架构的缺乏似乎是他们失败的原因之一。他们仅仅是去上课，没有得到任何具体的指导，比如确保学会当天课程的词汇，因此他们没能顺利完成课程。我同事告诉我，她的一些线上学生要进行多达13次的掌握程度测验才能拿到满分。她有时会提供非常详细的指导，比如建议他们把测验中的单词写下来，在重新进行测验之前查阅并写下定义。我朋友说："学生靠这些入门测验提供的架构不断进步，他们缺乏取得成功所需的基本学习技能，掌握程度测验迫使他们养成良好的学习习惯，以便完成课程学习。"

这些测验也没有分数。隐含的信息是：这是一个基本的学习技能。努力学习这些术语是在课程中取得进步的必要条件。这就告诉学生在理解新知识之前奠定坚实基础的重要性。

指导学生去哪里找正确答案可以帮助学生通过测验并继续学习模块内容。你也可以为正确答案反馈有意义的指导，鼓励学生探索更多，并提供一两个额外的资源。推荐一些补充主题让学生进行相应的自学，告诉他们如何进一步探索、去哪里探索。在最适当的时候用添加的反馈来纠正错误或激发学生继续学习。

你可以使用测验工具和有条件发布功能的学习管理系统创建掌握程度测验。将测验设置为允许无限次尝试或者你认为最适当的次数。期末分数不要包含这些测验。将有条件发布设置为在测验显示满分后仅显示模块的其余内容。如果你不确定如何做到这一点，你所在学校的教学设计师或学习管理系统支持团队应该能够帮助你做到这一点。

● 脚手架式的任务

许多学生对线上课程的体验感到焦虑。随着学生越来越熟悉线上学习，这种情况可能会改变。但一开始，应该建立一些架构，让学生确信他们进展顺利。

著名心理学家阿尔伯特·班杜拉的自我效能理论告诉我们，成功完成一项任务时，我们更相信自己有成功的能力。班杜拉解释说："成功让我们更相信自己的能力，反复失败则会打击我们的信心，尤其是如果在一件事的早期就一直失败。通过反复的成功培养出强大的自我效能预期后，偶尔失败的负面影响可能会降低。"鉴于此，构建一些学习任务让学生在早期经常地获得成功是至关重要的。

例如，近年来，在教学龄前儿童如何骑自行车时，平衡车变得非常流行。平衡车没有辅助轮，甚至连踏板都没有，小孩子需要用脚控制车的前进和停止。由于不用控制踏板，初学者可以比其他人更快地体验到成功，并且减少了膝盖和肘部擦伤的概率。孩子们越相信自己能成功，就越能够掌握其他必要的控制和平衡能力。一旦孩子对自己在平衡车上滑行的能力有了信心，教他们学会踩踏板、控制刹车、真正骑上平衡车就很简单了。

你可以在线上课堂上创建一个类似的学习顺序，为学生提供在低风险任务中获得成功的机会，帮助他们朝着更复杂和更高风险的任务努力。记住，根据班杜拉的说法，反复的失败的效果刚好相反，所以我们必须小心不要布置让学生失败的任务，而要仔细想想可以布置哪些小而可实现的任务，让学生成功完成，从而更相信自己可以成功完成下一个稍微复杂的任务。

例如，我在教育技术课上的一个作业就是针对自己感兴趣的主题制作一个教学小视频。许多线上学生没有怎么录制过自己的视频，他们通常对此任务感到紧张，觉得自己无法制作出精美的教学视频。但是这项评估任务是有特定教学目标的，我希望培养他们学会以这种形式展示自己的知识，而不是其他方式。

在我了解脚手架式学习活动之前，我可能觉得他们只要自己弄清楚怎么做就行了。我可能会在第一周告诉他们视频需要在第八周完成，并建议他们即刻开始练习。我甚至可能不会说那么多，因为我还不知道怎么帮助学生成功，而不是故意为难他们。但多年来，我逐渐认识到建立支持架构的重要性，帮助学生一点点进步，让他们取得小小的成功，并随着任务的日益复杂而增强自信心。所以，现在我会故意在这样的项目中多次给予反馈，提供进步的机会。

首先，在为期八周的课程时间内，学生需要在第四天发布一段简短的自我介绍视频（60~90秒）。因为学生谈论的是他们非常了解的东西，所以对认知的要求应该不太高。不过，他们需要弄清楚的是制作和发布视频的一些基础知识。这个任务就像把他们放在一辆平衡车上。他们还不需要担心别的问题，只需要决定使用哪种设备或应用程序来录制、准备一个耳机或带有麦克风的耳塞让观众清楚听到他们说话、学习如何将自己的视频上传到相应的平台、在网上论坛中嵌入视频或粘贴链接，并在截止日期的晚上12点前提交。

对一些学生来说，这些任务并不难。但是对于年纪大一点的许多学生来说，哪怕录制一段90秒的视频都有几个新步骤要学习，每个步骤都需要技能的培养和练习。

我知道学生对此感到很紧张（因为他们在视频的开头几秒钟就这么说了），所以我会尽快回复这些帖子并给他们打分，一般是在截止日期的第二天之内。我变身拉拉队队员，给出孤注一掷的得分——只要看到学生在努力就会给他们满分——再写上一些增强他们信心的评论。

在整个课程中，视频任务会越来越复杂。在完成自我介绍视频后，学生继续通过多次作业来培养一些技能，使他们能够练习录制和编辑视频并获得信心。这些任务的长度和难度都在增加。例如，在第二周，学生要发布一段两到三分钟的视频，谈论他们从指定的期刊文章中获得的主要收获。接下来的一周，他们需要录制稍长的视频，3~5分钟，提出教学视频的主题，讲解主题背后的基本原理并简要总结佐证材料。当需要提交8~10分钟的教学视频时，学生已经多次练习过录制有意义的视频了。

重要的是，在下一个视频任务到期之前，我会评估大家提交的内容并给予反馈。如果没有反馈，学生很难学习新技能。为了进步，我们需要不断地说明、鼓励和指导，所以在每个视频截止后，我会尽快评分并返还作业，以便学生在创建下一个视频之前有时间进行改进。

这种有意识的结构化过程让学生对自己成功完成教学视频作业的能力更加有信心。那些在上课第一周就紧张的学生现在对这项任务有了更高的自我效能感。我想他们可以在生活的其他地方、在不同的条件和环境中，都运用同样的方法。对我来说，帮助学生了解成功的必要条件将让他们终身受益。

准 则

帮助学生在个人、职业和社会生活中更加成功

我想我对帮助学生坚持下去并取得成功非常感兴趣，因为这不仅关系到成绩。我对学生有更大的目标。无论教什么课，我都希望学生在自信中成熟和成长。我们可以运用一些轻教学策略来帮助学生通过课程。更重要的是，这些方法将帮助学生在个人、职业和社会生活中更加成功。

● 帮助学生致力于通过课程并取得成功

作为他们的老师，你知道学生需要做到什么才能完成课程。帮助他们了解成功通过课程需要达到的条件、让他们付出必要的努力。布置一些任务，让学生评估自己的学习情况。让学生想想自己为通过课程愿意付出什么努力，阐明自己的行动计划。在课程的关键时刻，与学生进行交流，询问他们是否达到了第一周制定的目标，给他们提供一些继续进步的建议，即使他们遇到了挫折，比如考试不及格。帮助学生看到如何成功并激励他们采取行动取得成功。

● 提供大量架构

线上学习者往往不清楚需要怎样的自我管理才能在课程中坚持下去并取得成功。如果没有固定的上课时间和教师在场的支持，学生必

须制订自己的学习进度表和计划，以取得成功。通过创造强有力的架构来引导这种自我管理的发展。要求学生在进行更复杂的学习之前展示对基本概念的掌握。让学生养成良好的学习习惯，才能继续学习课程内容。允许多次进行考试和提交作文来培养成长型思维。为学生提供他们可能缺乏的框架，帮助他们更好地指导自己的学习。随着时间的推移，通过让学生对自己负责，我们将培养出未来的领导者。

● 建立个人联系

课程之外你与学生的个人联系会对学生产生重大影响，能够激励和引导学生取得成功。使用一些小的、有针对性的方式建立联系不会占用你太多时间。你可以对每个学生的自我介绍帖进行回复，或者在尽可能短的时间内对第一周的一项任务做出简短但有意义的评论，也可以发一封邮件给第一次考试表现不佳的学生。不管用什么方法，让学生看到你关心他们的个人成功。

即学即用小贴士

激励学生坚持学习速成模板

如果学生不能坚持学完线上课程的话，那么教师和学生早期付出的努力将变得毫无意义。我们可以运用轻教学策略来帮助学生长期学习。

- **推动需要额外支持的学生进步**。在课程的关键时刻发送有针对性、个性化的邮件给学生，提示他们可以采取哪些措施来迎头赶上。
- **让学生承诺为成功而努力**。在课程刚开始的几天内让学生签订一份学习目标合同，提交了目标合同才可以继续学习课程内容，以此强调其在课程中的重要性。

- **要求学生展示对基础概念的掌握**。创建入门测验，要求必须以满分通过才可以继续学习本模块内容。

- **通过脚手架式的任务设计有意地建立自我效能**。让学生在小任务上获得成功，以建立完成复杂任务的信心。

小 结

前几天晚上，我参加了女儿新高中的开放日活动。总的来说，学校支持学生取得成功，同时鼓励学生采取实际行动来实现成功的校风给我留下了很好的印象。大学预修英语老师的评论尤其让我印象深刻。她说经常从新生口中听到深沉的自白，比如"我作文一直写不好"或"我的拼写很差"。

她说："没事，我能帮你，那是我的工作。"她接着说了她接受不了的、真正阻碍进步的是糟糕的学习态度："如果学生不愿意努力，那我也帮不了他。"

由于各种原因，学生可能没有在你的课程中学习。他们中的一些人可能过度拔高了自己，有些人可能还没为大学课程做好准备。但许多人不去学是因为他们怀疑自己的能力，或者因为他们不了解完成线上课程需要多么努力和自律。对于这类学生，我们在本章中讲到的那些轻教学方法应该可以提供支持，帮助他们完成学业——无论是在你的课程还是其他人的课程中。

线上教学内在动力和
深度发展

　　线上学习所带来的挑战不同于传统教学。许多学生会觉得某些线上课程枯燥、无聊和乏味。作为线上教师，我们可能同样感觉网络课堂上教与学的积极性不高。就在前几天，应用本土研究项目的一位老师向我表达了他的忧愁："我在教室上课真的很兴奋，可是对线上教学没什么兴趣。"

　　考虑到线上学习在世界范围内仍是新兴事物，我相信研究人员和从业者将会提出更多基于证据的方案来解决现在线上课程中所面临的独特问题。在此期间，线上学生和老师有时会因为投入的时间和精力不足，无法创造协同学习体验而感到内疚，显然，他们需要在这方面得到支持。因此，在第三部分中，我们将重点讨论如何保持动力，以保证线上课程的成功。我们将探讨一些策略，让学生和我们自己都能充满动力、受到鼓舞并积极参与。

　　我们在这部分中提出的方法基于德国慕尼黑大学的研究人员莱因哈德·佩克伦提出的学业情绪控制—价值理论。佩克伦和他的同事研究了学生在学习过程中所感受到的情绪如何影响他们参与学习的动力。在2016年出版的《学习的火花：用情感科学激发大学课堂活力》中，莎拉·卡瓦纳简要概述了佩克伦的理论。这个理论框架中的第一个要素是学生对自己学习的控制程度。卡瓦纳将这一点描述为"学生感到能够在多大程度上控制对他们很重要的活动及其结果"。价值是这个理论的第二个因素；价值代表"活动或材料对学生有多大意义或价值"。卡瓦纳对佩克伦在这方面的研究总结如下：当学生评估学习环境时，如果感受到"高度控制和高价值感，这两者将分别并共同起作用，决定学生体验到的情绪，以及这些情绪对动力和学习的影响"。这两个概念——控制和价值——提供了一个容易操作的切入点，让我们思考如何在线上课程中激励学生。

为了帮助学生培养控制感，第七章提出了培养学生自主学习能力的轻教学策略。线上学习需要高度的独立性。要想成功完成线上课程，学生必须对自己的学习负责。他们必须学会自主学习，而在面授课中则没有这么高的要求。我们将探讨对线上教学进行可行的调整，让学生减少对你——他们的老师——的依赖。这些调整让学生有一定程度的选择权，从而感觉能更好地控制自己学习。它们可以教学生如何对自己的学习负责，这在课堂之外的许多场合都是一项重要的生活技能。给学生更多的控制权——或者至少让他们感觉到更多的控制权——会激励他们与你、学习材料和班上其他学生有更多互动。

同样，我们应该帮助学生看到课程活动的意义或价值。第八章探讨了在新知识和已有知识或经验之间建立联系的重要性。这些联系有助于学生形成紧密的相互关联的知识网络。当学生看到新概念是如何相互联系并与他们的已有知识联系起来时，教学内容就变得更有意义了。第八章将探讨如何帮助学生建立这些联系。通过这样做，我们帮助学生发现价值并理解他们所学知识的价值，学会如何将其应用到生活经验中。

最后，在第九章中，我们将注意力转向自己——线上教师。找到培养学生学习动力的方法当然很重要。但我们自己如何保持动力呢？这一章中，我会激励你在线上教学中寻找目标，持续培养自己的控制感，并看到自己在做的事是有价值的。线上课程不会消失。优秀的线上教师不仅对每个学生，而且对整个社会都会产生巨大的影响，因为我们在培养未来的思想领袖。

当线上课程和活跃的面授课堂一样有活力时，目的就达到了。当我们在网络课堂上和在实体课堂上一样兴奋时，我们就成功了。当线上课程中老师和学生都动力十足时，就会产生一种充满活力的氛围，促成深入、有意义的学习。

第七章

有计划地培养学生的自主性

引 言

重新设计课程：覆盖更多学习者的学习需求

大约五年前，我受聘于学校的教育领导部门，负责对《大学课堂教育技术》的全新升级版课程进行设计和教学。我对这门课程进行了重新设计，将教学设计、学习的科学和有效教学原则与技术结合起来，主要目标是建立线上课程设计和实际教学最佳做法的范例。我在这个新的开发项目上投入了大量的工作，对最终设计出来的课程非常满意。

然而，我的学生却并不满意。

上了几次课之后，渐渐凸显出一个重大问题：该课程服务于两个教育硕士项目，但并非所有的学生都是教育工作者。两个项目都是为了以灵活的学习时间来满足不同职业目标的学习者的需求，但学生中大约有一半既不是大学教师也不是基础教育教师，而且他们的职业目标也不在于此。许多学生攻读高等教育硕士学位的目的是发展自己在社区学院或大学里的行政职业。要求他们上一整门技术教学课程对他们来说毫无意义，他们抱怨，我也表示赞同。学校不经意间造成了课程内容和学习者目标的明显错位。在一门关于教学方法的课程中，不可能为那些没有教学经验、未来也不会从事教学的学生创造满足他们要求的学习内容。

为了解决这一问题，我提出扩大课程覆盖面以满足不同学习者的需求和目标。那些从事教学工作的学生可以专门学习如何运用技术来促进教学，而那些不从事教学工作的学生则可以另辟蹊径，学习如何利用技术来促进自己的工作，无论他们从事什么工作。

课程委员会随后批准了一个新的课程名称：《计算机技术和领导力》。我开始开发另一个主要课程项目。我对新课程的总体目标是让学生可以定制自己的学习，这样无论他们在哪里工作或职业目标是什么，都可以学会如何有效地使用技术来促进工作。技术在个人生活以及社区志愿者工作中的应用也包含在此课程中。

在这门新课程中，学生完全可以自由选择学习的重点，根据个人独特背景选择对自己有益的内容进行学习。他们自己决定什么能帮助他们实现个人和职业目标。在我的课程中，他们几乎是完全自主地分配学习时间和精力。而这恰好因应了莱因哈德·佩克伦的理论，由于学生对自己的学习有了更多控制权，他们的参与度也因此大大提高。

如果学生不为自己的学习负责，就不会在线上课堂上取得成功。我的新课程之所以更成功，就是因为我能够重建课程以满足多种需求。培养学生自主性是新设计的一个重要组成部分。但是，你可能没有完全重新设计课程和内容的自由，因此本章中的教学模式将针对大多数教师可以控制的元素，特别是那些属于轻教学级别的元素。

相关理论

自主权：最大限度地提高学生的掌控感

在第二章中，我们介绍了《有意义的写作项目》这本书，它描述了一项大规模调查的结论，该调查询问学生是什么让写作作业对他们有意义。我们认为，这些结论不仅适用于写作作业，还可以帮助我们更深入地思考是什么让任何一种学习体验对学生来说有意义。书中总结了学生最常提到的三个让写作作业有意义的核心要素。在第二章中，我们讨论了其中之一：与同学、老师和学习内容经常性的互动。第二个要素是联系，就是要让学生看到课程学习和自己在过去、现在和未来的经历之间的联系。我们将在下一章更深入地讨论这一要素。

第三个要素是主导权，这一概念是本章推荐的教学模式的基础。当学生觉得自己能够掌控自己的学习或在学习的过程中有发言权时，他们更有可能觉得这种学习是有意义的。正如那本书的作者所说，我们不能直接给学生主导权；然而，我们可以提供条件和支持让它发展："我们可以有意地为主导权的产生创造最佳条件，通过提供一些学习经历让学生注意到他们能够在课堂内外自己决定精力的分配，主导权就得到了加强。"这句话反映了本书和《如何设计教学细节》中许多建议的基础，即我们作为教师的目标是创造激励和支持学习的环境，而不仅仅是把学习内容讲给学生听然后希望他们掌握。

如果我们想激励学生在课程中学习——无论是面授课还是线上课——我们必须提供机会让他们成为积极的主导者，就像我们在本章开头所描述的课程中所做的那样。但是我们想要的不止这些，这就是为什么本章中使用了更宽泛的术语"自主权"，教育文献中更经常引用这个词。"主导权"和"自主权"之间的区别在于：前者指具有主导意识的学生感觉自己有能力在特定的情况下采取行动；而具有自主权的学生对自己作为独立学习者有更广泛的认识，他们对自己的学习负责，同时也能掌控自己的学习。

《有意义的写作项目》中的发现恰好与关于学习和动机的研究一直以来的结果相一致。詹姆斯·祖尔的《改变大脑的艺术：通过探索学习的生物学丰富教学实践》探讨了与高等教育教学相关的大脑生物学，书中认为"促进学习的一个重要规则是帮助学习者感觉自己能够掌控学习"。这一观点应该很容易理解。大多数大学教师在攻读博士学位的时候愿意花数月甚至数年的时间去研究自己感兴趣的问题，不是因为有人命令才去研究，而是因为这些问题使他们着迷，他们愿意沿着感兴趣的道路前进。学生也一样。相比你设置的问题，他们更愿意通过研究自己感兴趣的问题来学习（并找到学习的意义）。

当然，你是该领域的专家，对该领域的重要问题或内容你有更深刻的理解，也更了解怎样的教学策略和评估更能促进学生学习。关键是要达到一种平衡，既能为学生提供大量的支持和指导，同时也能让学生有足够的自由，帮助他们培养自主意识，这也是学生在《有意义的写作项目》中提到的最有帮助的一点。虽然学生们重视作业中的主导权，但他们也重视老师的指导和支持。作者将其描述为介于"允许和要求"之间的最佳位置；调查中的一名学生称之为"无边界指导"。

在下面的教学模式中，我们也试图达到这种平衡。在本书的前六章中，我们对如何为学生制作优秀的线上课程提供了丰富的指导。在这一部分，我们鼓励老师们在课程结构中找到一些可以让学生掌控自己学习的地方，或者向老师展示学习情况的方式。提供这些机会，并支持学习者利用这些机会，将有助于他们发展学习的自主性，这正是我们希望线上教育能够培养的学习能力。

教学模式

如何让学生在线上课堂内外都对自己的学习负责

培养学生的自主性对他们未来的成功有长远意义。这里概括的轻教学策略能够让学生在线上课堂内外都对自己的学习负责。

● 在线上讨论中提供选择

线上讨论有可能对学习产生重大影响。如果在讨论中精心安排提示，线上讨论中的点对点教学可以大大加深学生对核心概念的理解。然而，讨论也可能成为一种单调乏味的交流，大家按要求发布原创帖并回复帖子，与教室里进行的生动交流完全不一样。一个简单的解决办法就是让学生选择他们想谈论的话题。

众所周知，当学生找到与他们个人经历相关的任务或以其他方式引起他们兴趣的任务时，他们在学习上会拥有更多的自主权。在课程中给予学生更多自主权就是帮助学生感觉到对自己的学习有更多的掌控，从而让他们看到任务的更多价值。正如卡瓦纳所解释的那样，"最大限度地提高学生的掌控感和价值感的最直接的途径就是给他们控制权，让他们在活动和作业中可以做选择"。卡瓦纳接着解释说，为学生提供选择会让"学生更愿意完成任务、对任务更有兴趣、更享受学习过程，以及拥有更强的能力感"。这些听起来都很有益处，不是吗？通过在线上讨论中提供话题选择，就可以获得这些好处，并将学生自主权的元素构建到线上课程中。

　　我会在班级讨论中给学生提供选择。计算机技术课上的学生在每个模块的讨论中有四到五个问题可供选择。例如，他们可以写自己选择的阅读内容。我给他们的选择方式是：提供12~15篇与模块主题相关的文章；学生选择自己最感兴趣的5篇进行阅读，然后写下他们觉得自己选择的阅读材料中重要的内容。通过这种方式，学生可以互相了解彼此的阅读内容，从而让每个人都了解了所有文章，而不必让每个学生都阅读所有文章。

　　除了发布与模块阅读相关的一个讨论问题外，我总是会另外发布三四个其他讨论问题。学生可以把在网络上找到的相关资源发到共享文档中，然后针对自己发布的资源写（或者如果是视频讨论就可以说出来）一段话来总结为什么他们对这个资源感兴趣。或者针对我在那个模块中提供的一部分教学内容进行讨论，可能是我的授课小视频或是本周客座讲师的讲课内容。他们还可以讨论该模块的项目，反思整个项目完成过程，总结学到了什么，并提出自己下一次的改进计划。

　　每周我还会问学生本周的学习对他们个人产生了什么影响，阅读资料对他们的工作产生了什么影响，或者课程学习活动给他们的家庭生活带来了什么改变。学生喜欢有机会来谈论自己（我们不都是这样吗？）。通过让学生选择自己的参与方式，他们会更加热情和自然地参与进来，就像你在教室里促进充满活力的交流一样。这样做还有一个额外的好处，那就是他们经常会介绍到一些技术解决方案，我这个忙碌的职场妈妈可以用这些技术来应对日常挑战。我到现在还在使用一个学生告诉我的应用程序Picniic①，它可以帮助组织繁忙的家庭生活，提

① 一款家庭生活管理应用，将一家人的生活事项全部通过App的系统来进行管理，让一家人的生活更为有序高效。

供每周菜单、食谱、食品清单、日历、个人家务和任务列表等选项。这只是一个例子。让学生选择他们感兴趣的话题，这意味着我总能从他们的经历中学习。在经常教授的课程中不断向学生学习，这应该是让自己保持新鲜和热情的最佳方法了吧？

在线上讨论中给予选择是非常简单的，尽管为每个模块设计多个可能的讨论问题需要一点创造力。我在论坛说明里告诉他们可以就任何问题进行写作，并且没有要求他们至少要写2~3篇；如果他们选择只写一篇，但结构精良内容丰富，那也很好。这样做的目标是让学生参与他们感兴趣的话题，然后与写了其他感兴趣内容的学生互动，这样论坛上会出现多个内容丰富的小型对话，从而提及一些微妙的主题并针对模块话题的不同角度和方面展开讨论。最棒的是，我现在有25个内容共建者，相比我个人的设计，学生的奇思妙想让主题探索更富有活力。

在一些教学周里，我会要求学生录制视频，而不是发布帖子。在其他教学周里，根据通用学习设计原则，我让他们自由选择是录音还是写帖子，有的同学就会选择通过视频来进行回复。这门课程会一直提供一些相对简单的选项，让学生每周都可以选择如何参与，这能保持模块讨论的新鲜感和相关性，而不像常规的线上课程那样用老掉牙的方式强制要求学生互动。让学生选择想谈论的内容，精心安排多种参与方式，他们就不会为了完成任务而参与，你也会发现在论坛与学生互动能收获不少。

● 让学生自由组建小组

另一个帮助线上学生培养独立性的方法是让学生组建小组，这既允许学生进行选择又能培养他们的自立性。这一策略将创造自主性的两个基本要素结合在一起：个人兴趣或相关性，以及在学习初期给予他们帮助，使他们在不需要老师积极参与的情况下也能获得成功。

创建一些小组，让学生可以根据感兴趣的主题自由参加。每个小组的名额有限，因此报名以先到先得的原则进行。例如，如果今天上教育技术课，我可能会为以下每个主题创建一个小组：

- 增强现实/虚拟现实。
- 移动学习。
- 通用学习设计。
- 开放教育资源。
- 游戏化。

学生可以根据自己的兴趣自由报名加入相应的小组。因为他们选择的是自己感兴趣的领域，自然会在学习过程和团队合作中投入更多，在整个过程中也有更多的自主权。

一旦学生进入所在的小组，开始建立一个运作良好的团队，他们就会在这个过程中努力履行对自己和其他组员的承诺。在《线上教育的高影响力实践：相关研究和最佳实践》中，罗伯特·约翰·罗伯逊和香农·里格斯在关于协作任务的那一章中对同步线上小组项目的研究和实施提出了宝贵的见解。罗伯逊和里格斯强调了线上小组任务的好处和挑战，并对创建有效的协作项目进行了具有说服力的论述。乔治·库和美国学院与大学联合会（AAC&U）认为这是一种高影响力实践，尽管其实行起来难度不小：

有趣的是……很多线上高等教育提供者的服务群体恰好

是历史上得不到教育机会的学生，线上教学将高等教育带到他们身边……线上教育服务的学生群体也是能从高影响力实践（HIPs）中获益的学生群体，考虑到这种重叠，促进线上协作活动变得越来越重要。

作者认为小组合作任务可以帮助学生为在日益全球化的、异步的职业环境中工作做好准备。尽管有充分的理由在线上课堂中进行小组合作，但罗伯逊和里格斯也承认合作学习任务会面临一些障碍，尤其是运用于线上课程中会面临一些困难，其中最引人注意的一个观点是他们认为学习合作中可能存在不真诚的合作。学习合作对"成熟的学生，尤其是那些工作过或加入过军队的学生"来说可能不是必要的。他们认为，从高中直接升入大学的年轻学生能从更多的团队合作中受益，但对于已经在职的学生来说，可能会感到小组合作是"被迫且没必要"的。

因此，他们的建议是精心设计协作项目，以促进健康的团队运作和进行真诚的、有意义的学习，这对学生未来迈入职场很有价值。我们在这里快速总结了一下他们提到的线上课程协作作业的一些重要特征：

- 反映你的教学目的；
- 以精心安排的团队建设活动开始；
- 设计一个避免冲突的计划，或者发生冲突时能够建设性解决问题的方案；
- 要求公开透明的小组交流；
- 有明确的评分标准和步骤。

满足了以上特征，精心设计的小组项目一定可以帮助你实现设定的教学目标，并以超出课程内容的方式让学生受益。

那么如何在实践中做到以上这些呢？这里有一些小建议供大家参考。一旦学生加入了自己感兴趣的话题组，一定要给他们明确的任务说明。你可以录制简短的视频进行解释，学生就不用费力地阅读长篇的文字说明。然后，让学生参加一个团队建设活动，这个活动不仅能起到破冰的作用，也有助于学生识别和选择团队角色。任务和团队角色都应确保团队以协作、相互依存的方式运作，其中每个团队成员的积极贡献将影响整个团队的成功。2017年的电影《勇敢者游戏：决战丛林》生动地阐释了这一概念。为了避免太多剧透，我大致解释一下。主角发现自己在电子游戏中。为了逃出游戏，他们必须克服一系列障碍，实现目标，这样他们才能回家。就像在真正的电子游戏中一样，每个角色都有优点和缺点。通过一系列的冒险和不幸，这些角色明白了他们必须同时发挥自己的优势来弥补对方的弱点。如果他们不合作，就无法实现目标，并在游戏中死亡。这是一个很好的类比，我们期望学生在小组中进行这样的合作，最大限度地发挥个人优势，并帮助彼此取得成功。

以上理论听起来很完美，但为了帮助学生在现实中实现这种和谐，你可能需要让他们拟一份团队合同，在该合同中，学生可以协商对彼此的期望，就尊重和体谅行为的标准达成一致，并制定一个程序来解决冲突或违反合同条款的情况。要求学生在视频电话会议中讨论并拟定合同，然后在小组任务开始时、进入下一阶段时或整个项目的阶段性截止日期之后定期报告他们的合作过程和进度。

当你用这种支持手段来组织小组项目时，你可以帮助小组成员履

行自己的承诺，并互相督促彼此履行承诺。在这个过程中，他们坚守自己的承诺，并彼此依赖以取得成功，因此学会了对自己的学习负责，发展了自主性。鉴于独立学习和团队合作的能力备受当今雇主的追捧，我们通过这种方式来帮助培养学生对个人工作和团队贡献的责任感，实际也在为学生未来的成功打基础。

● 应用规范评分

在第四章中，我简单提及了规范评分，这是琳达·尼尔森在她的同名书中描述的一种评估策略。我提出了一个规范评分的方法：失误令牌，一种增加课堂灵活性的方法，同时也可以展示对学生的关心和支持。但在前面的章节中我并没有详尽讲解规范评分。这种方法的真正好处在于，它通过让学生主动参与到学习中，来让他们对自己的学习负责。正如作家特里·道尔所说："付出了努力的人才真正有收获。"然而，对于许多真正进入高阶思维的评估任务，老师在批改作业时付出的努力比学生完成作业时付出的努力还多——至少，老师常常这么觉得。尼尔森指出，这个系统是有缺陷的，我也认同。

尼尔森认为应该对学生作业设置更高的标准，她的论证十分有说服力；她在实践方法中展示了如何在提高学生作业标准的同时让老师的评分负担降到最小。几年前，我决定在线上计算机技术课程中对规范评分进行一些小小的尝试。

在阐述我进行的尝试之前，让我先简要概括一下我是如何应用规范评分的。尼尔森借鉴了一个来自软件工程行业的有用类比。当客户订购新产品时，工程师会收到一份关于产品功能的标准或规范清单。如果做好的软件程序不符合这些规范，客户不会接受，也不会说："好吧，你做到了我要求的78%，已经很不错了。"客户会说："一个程序要么满足所有这些规范，要么就不达标。"尼尔森解释道："如果不达标，它就是失败的，必须重新修改或直接摒弃。"

然而，当我们按照给予部分得分的常见评分标准评估学生作业时，我们就是在接受低于标准的作业。在这种评分标准下，学生认为他们可以提交低于标准的作业，获得C或B甚至A-的成绩。与之相反，规范评分的作用则是要求学生达到所有基本标准，否则他们的作业就是不合格的。尼尔森提倡一种严格的"满分或零分"的评分策略——巧妙地应用，不一定要针对每一次评估——让学生自己对作业负责，达到我们期望的作业水平——比如达到90%的标准，你可以根据你规定的任务规范来自行决定。规范评分要求学生努力完成作业以满足老师的高期望值；同时，老师的评分负担明显减轻，因为我们可以对照标准清单或作业说明对学生提交的作业进行高效的批改。如果符合标准，学生将获得满分。如果作业不符合所有要求，就得零分。

再说一次，这只是简单概括了规范评分的应用，甚至都没有涉及另一个元素，即合同评分形式。在合同评分中，学生可以决定他们想在课程中获得什么分数，然后做相应的努力。虽然这听起来很有趣，但我还没有实施过这个部分，所以我的讲述仅限于我如何在线上课程中应用规范评分的一小部分。

我所做的一个改变是基于规范评分提出的"满分或零分"方式来给所有讨论论坛评分。如果你的线上课程中也有讨论部分，就会明白很难确定A-和B+之间的差异。即便不难，至少也比较费时间。我们希望学生做出有意义的实质性贡献，推动对话的发展，不是简单地照搬阅读材料或者重复其他同学已经说过的内容。但是，比如简单地规定"A"级帖子至少包含250个单词，而"B"级帖子需要有175到249个单词，我觉得这样的区分比较武断，也毫无意义。经过多年的实践，学生都能很专业地达到字数要求。

相反，在线上讨论中应用规范评分让我可以快速评估学生的贡献是否足以获得满分，如果没有，就得零分，整个过程只需要几秒钟。我对讨论的说明只有一行两列。一行总结参与讨论的要求，两列分别被标记为"符合预期"（满分）和"不符合预期"（零分）。我再也不用纠结学生提交的讨论是更符合B+还是更接近A−。我一眼就能看出哪些得满分哪些得零分。

我发现在这个系统中，正如尼尔森所说，学生很快就会意识到，他们不能浑水摸鱼。当学生第一次以相当于传统评分系统中86%的成绩获得零分时，他们会开始重视。学生不可能以完成任务的心态低分飘过。这不再是"全科拿到C就可以毕业"。规范评分要求学生阅读所有规范（作业标准），然后提交的作业要至少达到这个水平。

如果你从事教学工作已经有一段时间了，可能会怀疑学生是否真的会去阅读作业说明，你可能觉得有些学生太依赖老师了，需要手把手教或者把知识灌输给他们。规范评分能够帮助学生发展成熟的学习方法，提高他们掌控学习质量的能力和意愿，这也是他们在未来工作中需要具备的一种特质。

有一点需要注意：尼尔森建议，我也完全同意，即以一个或多个失误令牌的形式提供"赦免"卡。如果学生得了一次零分，可以提交一个失误令牌换取重新提交作业的机会，之后他们就会投入更多的精力来完成达标的作业。在第四章中，我讲过用这些令牌来推迟截止时间，以体谅学生的生活境况。我发现这些令牌可以提供足够的回旋余地，让学生在遭遇痛苦生活的同时还能以高标准完成作业。

● 让学生参与注释、调整和共同设计教学大纲

帮助学生成为自主学习者的最后一条建议是让他们积极学习你的教学大纲，甚至有可能帮助制定最终版文件。这是一个很好的方法，可以让学生掌控自己的学习，并让他们看到自己在你的课程中所做的工作的价值。当然，这一策略在面授课或混合课程中与线上课程一样有效。更加熟练地自主学习能让所有学生受益——让学生有意义地参与教学大纲则有助于实现这一目标。

很多老师都把教学大纲视为课程的核心和灵魂，视为课程设计、内容计划和老师与学生之间的契约协议的宝库。凯文·甘农曾在2018年提到："有效的教学大纲是一种承诺，通过我们的课程学习，学生将能够学会一些新技能或至少在以前的基础上得到进步。"这听起来似乎不错，甚至令人充满期待。

然而，许多学生并不将教学大纲视为充满了"承诺"，可以毫不夸张地说，他们经常将教学大纲视为一份枯燥乏味的文件，不觉得它能提供有意义的指导。还有一些学生（可能是大部分）甚至不会去看。

让学生自主学习、了解教学大纲的一个方法是请他们对教学大纲进行注释，通过这种方式来给予活跃的反馈并完善内容。

研究者兼教育家雷米·卡利尔在他的博客上写了一篇题为《注释你的教学大纲》的文章。他概述了邀请学生为教学大纲添加注释的多个好处：他们可以询问有关作业或课程政策的问题；可以对主要任务发表评论，指出有疑问的地方，并看看有没有可能对此进行调整；他们可以相互分享如何在课程中取得成功的实用建议；他们可以对熟悉

的课文发表意见，并建议补充材料或在课表中增加选修内容；他们可以讨论老师和学校政策，以了解这些政策在实际执行中的细微差别。

　　无论是在传统课程还是线上课程中，让学生对教学大纲进行有意义的阅读、思考和讨论都是一个挑战。让学生参与就解决了这一问题。而且，卡利尔指出，这样做的好处将会持续整个学期。在关于这个话题的博客文章中，卡利尔提到了他在2018年8月发的一条推文："由于学生在整个学期都可以查阅注释过的教学大纲，所以这个问答记录是一个永久资源。我们就不必再问学生：'这个问题在教学大纲里，你读过了吗？'而是可以更具建设性地说'我们在注释教学大纲时讨论过这一点，请回顾一下我们的讨论'。"这样做可以有目的地培养学生的独立性。

　　进一步，为了真正鼓励学生自主学习，卡利尔还建议利用注释过的教学大纲来推动老师和学生一起进行课程设计：

　　　　在课程中，我努力创造条件，让学生自己设计学习途径，追求自己的兴趣，让课程内容可以帮助他们实现近期和长期目标。实际上，这意味着在整个学期中，作业会发生变化，阅读材料会发生更换，学习单元会重新调整，学生可以创造和推进教学活动。同时，我也欢迎学生给予我批判性反馈，并尊重地向我回应他们每周的学习需求。

　　让学生决定自己的学习途径，研究自己觉得最有趣和最相关的内容，这样做很有价值。自主性在线上课程和其他课程中都能带来很多好处，而以上的做法正是培养学生自主性的好方法。让学生共同创建课程是让他们主导自己的学习的有力手段。

卡利尔承认，这是一种"富有挑战性的、集中的、情感化的教学法和课程设计法"。如果这种做法听起来让你觉得放弃了掌控权，感到不舒服，那么可以考虑使用轻教学方法，稍稍尝试一下共同设计课程。我认识的一位特殊教育教授在他的教学大纲课程学习目标部分留下了一行空白，学生写下自己的目标，然后设计并实施一个评估来衡量这一目标的实现情况。通过这种方式，他让学生选择自己想在课程中学习的一个方面，并决定用什么方式来展示这一学习成果。

准 则

帮助学生取得长远进步

培养线上学习者的自主性能够提高课程的参与度和成功率，同时也能帮助学生在各类学习和工作环境中进步。以下是指导你培养学生自主性的一些原则。

● 提供一些选择给予学生更多自主权

当我们对自己从事的事情感兴趣时，自然就会投入更多时间和精力。我们可以利用这一点，创造多种方式让学生选择自己想完成的任务、愿意讨论的话题和想以什么方式展示知识。当他们意识到任务与自身发展的相关性和内在价值后，就更有可能主导自己的学习。尽可能多给他们创造一些选择的机会以培养线上学习必要的自主性。

● 培养学生独立性

如今，许多大学教师都很苦恼究竟应该给学生提供多少帮助，帮助太多会不会让学生变得衣来伸手饭来张口？溺爱学生对他们没有好处。高等教育应该让学生成为不需要微观管理的、自我激励的员工。然而，这么想可能又会导致相反的极端，把学生投入到孤立无援的困境。找到平衡点很重要，而且对于线上学生来说，在开学初期提供更多的支持是更有必要的。但是，如果我们有系统地建立机制，帮助学生变得更加独立，让他们对自己的学习承担更多责任，我们就可以慢慢放手了。

● 让学生对自己的学习负责

期望并要求学生进行最高质量的学习。提高标准，并提供必要的支持帮助学生达到这一标准。明确告诉学生课程的过关要求、作业标准、评估准则，并给他们一些范例。不要以批改起来更快为由降低标准。相反，拒绝接受无用的努力和平庸的学习成果。要让学生明白按时并按要求完成学习任务的重要性，他们未来将从中受益。

即学即用小贴士
增强学生独立性速成模板

当今的大学生可能并没有学会对自己的学习行为负责。高等教育领域的教师经常哀叹目前的基础教育系统似乎没有培养学生相应的能力以应对大学课程的严苛。但我们不想过于笼统地概括或指责那些高等教育无法掌控或影响的系统，而是承担起培养学生自主性的责任，帮助他们在线上课程和其他课程中取得成功。

- 在线上讨论说明中提供多个话题和问题。提供一些可以让学生联系到个人经历的话题。

- 让学生根据自己想深入研究的话题报名加入小组。提供支持结构，帮助团队在提高个人独立性的同时发展成富有成效的团队。

- 使用规范评分为学生的学习设定高标准。在课程的某些部分采用"满分或零分"的评分方法，帮助学生学会对自己的努力负责。
- 让学生和你一起对课程大纲进行注释和修改。

小 结

想想如何把一个孩子培养成一个健康、富有成效的成年人。在这一过程中，你一步步地提高他们的独立性。刚生下来的时候，他们什么也做不了，但在成长过程中，他们不会一直这样。聪明的父母指导他们学会做越来越多的事情，从翻身到在地板上爬来爬去，再到站起来迈出蹒跚的第一步。这只是一个类比——作为成长的一部分，孩子们经历了无数其他自立的阶段。

让我们用同样的方法有计划地培养线上学生。我越来越相信，帮助他人提高自主性不仅仅与某个课程的成功相关。我们拥有这样独一无二的机会来教会学生在课堂上以及在生活中对自己的学习和行为承担更多责任，学会掌握自主权，提高自己的独立性。

全球经济相互联系日益紧密，需要批判性的思考者、有创造力的问题解决者和有主人翁精神的公民。我们现在可以在线上课程中帮助培养未来的领导者，我们可以利用线上学习固有的灵活性来实现这一目的。

第八章
有框架地建立课程内外部联系

引 言

写作课上的经典作品探讨：课程材料与课外生活的关联

某年秋天，我教授大学一年级的写作研讨课，在课程描述里这样写道：

流血，性，和血淋淋的场面；爱，背叛，和谋杀；不公正，偏见和报复。我们对这些社会永恒主题的反应塑造了每个人的人格。和我们一起来在经典作品中探索传奇英雄和恶魔吧，从奥德修斯到奥赛罗到卢克·斯凯沃克到哈利·波特。在这个过程中，我们会了解每个人成为英雄或恶魔的可能性。

我这么写是为了引起18岁孩子的注意力吗？当然。我是否夸大了这些作品和影片中事件和主题的震撼价值？并没有。这些主题和问题不仅存在于上述作品中，而且在日常新闻中也有反映。我把这门课的使命定位为帮助学生了解古代和当代故事如何反映和揭示我们今天的生活。

在这门课上，整个学期会持续进行一项活动：每隔几周，我们会从当前学习的课文或电影细节中跳出来，在白板上列出我们研究过的一个或多个主角共同的英雄品质。例如，在这学期的第二堂课上，我们在白板上列出了在《奥德赛》指定阅读部分观察到的一些令人钦佩的特征。我想让这个活动变得有趣，会在白板上添加一些东西，比如奥德修斯的大波浪形头发或健硕的大腿，让大家发笑的同时又引发大家的争论。学生们最终会说服我删除这些项目，用更标准的特质来代替它们，比如勇气和强健。通过这种方式，他们练习如何从课文中构建有说服力的论据。

学完一篇课文并准备开始学下一篇课文时，我会抽出几分钟的时间来增加或修改我们一直在做的这个清单。每次进行这项活动时，我都会叫学生把清单抄在笔记本上，虽然这样做可能不能使其永久保存，不过，需要的时候大家可以一起回忆之前的讨论并翻阅他们的笔记。

慢慢地，这个英雄品质清单开始变得微妙且值得商榷。我们寻找很多主角所共有的特质，同时也在寻找他们身上相反的特征。奥德修斯为了保全自己的性命一再牺牲手下，而哈利·波特常常牺牲自己的幸福去拯救朋友，并最终牺牲了自己的生命；贝奥武夫从不逃避危险，最终在与龙的最后一次光荣战斗中死去，而加文爵士则由于懦弱，为了保住自己的生命去欺骗别人。

进行这些活动时，我们将那些对当今大学生来说似乎很遥远的课程内容（比如来自外国文化的古老故事）与当代流行文化中的英雄人物联系起来。

除了在课程各单元内容之间，或者在过去和现在之间建立联系，我们还将故事本身与学生自己的生活中所面临的或将要面对的人类处境联系起来。例如，这门课的一个主要关注点是了解人做出的选择如何影响着我们的命运。卢克·斯凯沃克和哈利·波特分别与他们的死敌达斯·维德和伏地魔领主有着共同的处境和特质，是什么让其中一个人成为千古英雄，而另一个人却成了超级恶棍？这个问题促使这些新生对自己在新的校园环境中做出的日常选择进行了深刻反思。

有些老师可能会认为，所有这些与学生生活的联系都是多余的，学生只需要掌握课程内容就好。这些批评的声音可能会说，学生理解课文就好，不用去联系这些课外的东西。但是，现在有大量的研究表明，如果想让学生掌握课文或课程内容，课程材料和他们课外生活之间的联系是可以利用的最好工具之一。

相关理论

深度学习：提高学生认知和学习动力

为了实现深度学习，学生必须建立上述各种内部（课程内容之间）或外部（课程内容与学生个人经历之间）联系。这样做至少对学习有两种积极益处，一种是认知上的，另一种是学习动力上的。

《如何设计教学细节》已经彻底阐述了认知益处。简单概括一下就是：刚开始学习某个学科的学生（通常我们的学生都是刚接触这个领域的新人，至少与我们自己相比）很难理解这一领域的所有不同知识是如何结合在一起的，他们往往容易关注孤立的事实、容易掌握的技能或快速的公式，而看不到全局。作为这一领域的专家，你能更清晰地看到全局，知道所有知识是如何联系起来的，也了解建立这些联系的结构。

这种更开阔的视野最重要的作用之一就是能帮助你处理新的、即将学习的知识。当你在某一特定领域拥有丰富的知识网络时，就能有效、连贯地进行知识扩展。例如，多项研究发现，"比起让学生自己去推演概念间的结构，如果老师能提供一个组织结构，让他们可以将新知识安置进这个结构，学生能更有效、更高效地学习"。当然，我们都了解主动学习的强大作用，让学生一起来构建概念结构是最有效的方法。老师应该提供框架，建立一些联系，然后引导学生将课程材料与自己的经历和理想联系起来。

给学生机会参与这一过程将有助于激发建立联系的第二个重要好处：提高学生的学习动力。加州大学欧文分校有一个联网学习实验室一直在积极开展和推动这一领域的研究，包括研究学生对某一主题的兴趣与他们将其与自身生活联系起来的能力之间的关联性。在查看这个实验室的研究资源过程中，我们发现其中一项研究描述了一个非常简单的高中生实验，展示了如何通过建立知识联系来提升学生的学习动机和表现。

研究者在《科学》杂志上对这个实验进行了概述，实验对象是多于250名的学习三门不同科学课程的高中生。对照组的学生针对学习内容撰写概要；而实验组的学生则写短文来说明学习内容如何有用或与自身生活如何相关联。实验组的学生不仅在学期末获得了更高的分数，而且他们对科学的兴趣也有所增加。

总的实验结果就是这样，但是如果再说得细一点，结果就更有趣了。对于那些本身就对科学很感兴趣、表现出色的学生来说，这个实

验对他们没有多大改变。这一结果主要表现在那些对科学没有太大兴趣、对课程没有太大期望的学生身上。正如作者所解释的：

> 我们的研究结果表明，鼓励学生将科学课程内容与他们的生活联系起来，对于那些预期成功率较低的学生来说，这既能让他们对科学更感兴趣，又能提高他们的成绩。而且这对于成绩的影响尤为显著，因为与对照组相比，预期成功率较低的学生在相关的字母等级评分上成绩提高了近三分之二。

这一点很容易理解。那些对某门课程怀有浓厚兴趣的学生可能已经看到了它与自身生活之间的联系和将来的用处。而那些还未意识到这些的学生一旦看到了这种联系和用处就会受益。

如果你的线上课程授课对象是一些对自己的能力完全有信心、对这一学科已经很感兴趣、各方面都很优秀的学习者，那么建立这种联系对你来说可能并不那么重要。但如果你的学生需要帮助，他们还看不到课程内容与课外生活之间的相关性，那么本章所述的建立联系的策略将有助于激发你的学生并提高他们的学习动力。

教学模式

如何在课程内容和现有知识之间建立联系

帮助线上学生在课程内容和现有知识及经验之间建立联系是至关重要的。没有这样的联系，新的概念和信息就是詹姆斯在《如何设计教学细节》中描述的那种离散的"孤岛"。作为初学者的学生还没有组织框架来帮助他们理解新信息，缺乏这个框架，学习者就无法感受所学内容的全部意义，找不到所学内容的意义，学生就不会积极主动学习，所以要帮助学生更好地理解课程学习内容的意义和目的。佩克伦的情绪控制—价值理论表明，理解了意义以后，学生会更有动力去学习。

以下教学模式中有一些与詹姆斯在《如何设计教学细节》中展示的类似，这些模式能让学生积极参与到课程内容中，自己去建立与课程内容的联系。学生自己建立的联系比老师直接为他们建立的联系更有意义。

● 激活已有知识

这一策略直接来自《如何设计教学细节》，它非常有效，而且很容易在网上实现。詹姆斯在书中描述了一些让学生说出他们对这一学科已有了解的方法。他解释说，问学生对这一领域有哪些了解"能够提供肥沃的知识土壤，让你在接下来的几天或几周内，将要教给他们的知识和技能得以迅速发展"。这样的活动可以在开学初进行，也可以贯穿整个课程，将不同主题和模块中的新概念联系起来。模块是线上课程的普遍特征，帮助我们组织课程内容，但也可能造成课程概念之间的错误分离。激活已有知识可以帮助学生看清新信息与已有知识之间有怎样的联系。

例如，在"导入"或"课程目标"模块结束时，让学生参加一个小测验或提交一份作业说明自己对该主题的了解，以便于剩余课程内容的展开。你可以根据学科内容及班级人数来决定是进行预备测试还是布置作业。例如，如果你教的班级有70名或80名以上的学生，系统自动批改的预备测试可能是最明智的选择。一定要提前为这项活动设定一个截止日期，比如一到三天内完成。让学生尽早参与课程内容和任务，这将让学生知道你期望他们在课程的每一周都保持活跃状态。

学生完成这项任务后，马上可以看到其余的课程内容。这样，学生就不必等待你反馈后才能继续学习课程。

虽然学生不必等你反馈，但你也应该给予及时的回应。设置预评估截止日期时，请考虑你可以给予回应的时间。如果你知道自己到周五早上才有时间对测试结果进行分析和反馈，就不要把预备测试的截止时间设置在周二晚上。协调学生提交的截止日期和你自己的时间表，以确保反馈及时。

一旦你分析了预评估数据（可以利用越来越多的分析程序），写下或记录你的反馈，并分享给学生。一般来说，我更喜欢像第三章中描述的那样录制非正式视频公告。线上课程的学生很乐意听到你的声音，看到你的脸。当他们能够感受到非语言的线索，比如声调和强调，以及面部表情，知道你很在意他们的成功时，会对课程产生更深刻的理解。就像你不会在课堂上发给学生讲义让他们自己默读一样，不要在线上课堂上进行书面指导和说明，尽可能多地让学生看到并听到你。

在这个视频公告中对学生的已有知识进行反馈。指出全班同学共有的理解中的优点，找出一两个常见的误解，让学生知道，随着学期的进展，你会对这些要点进行补充说明或澄清。

然后一定要说到做到。在整个课程中，提醒学生哪些是他们之前说的已经了解的知识。当课程涉及这些学生已经了解的话题时，强调一下他们在哪些方面已经掌握得很好了，引导学生下更多功夫去弄懂在预评中显示理解得不好的模块。在讨论回复、公告和个人或小组反馈中去提醒他们以上内容。帮助学生理解本周所学内容是怎样与他们在课程第一周时的想法联系起来的。这样做可以帮助学生在课程概念之间形成联系。

● 提供框架

在《如何设计教学细节》中，詹姆斯讲到了提供部分大纲或其他组织结构，让学生在阅读内容（即阅读文本或观看视频）的同时将它们补全，能让学生有所收获。他提到了一项研究，在这项研究中，在讲课前得到部分笔记的学生在期末考试中的表现比收到完整笔记的学生好，所以他建议"在授课前给学生一个有层次结构和关键概念的组织框架"，这样做可以"帮助他们建立准确的联系，而不是简单地给他们一个已经完成的知识网络，且不需要他们自己去发掘材料的组织原则（作为新手，自己去发掘材料的组织原则确实会比较难）"。以这种方式为学生搭建学习笔记可以对线上课堂产生很大的影响。例如，让学生在观看授课小视频的同时做些事情，可以促进他们积极倾听和专注地处理新信息。

提供框架的一种方式是在模块的授课小视频之前放上部分做好的PDF格式的课堂讲稿或演示幻灯片。鼓励（或要求）学生把文件打印出来，在观看时在上面添加手写笔记。第一次要求他们这么做时，告诉学生，研究表明手写笔记比用键盘打字能更好地加强记忆。对于必须打印文件的要求，他们可能会感到惊讶，但你要告诉他们，你希望他们能试试这种方法，看看是否对学习有帮助。

如果你决定让学生将部分完成的大纲补全，你还可以收集他们的作品。让学生将完成的笔记拍照，上传到学习管理系统，作为作业提交。对提交的作业给予分数，或在学习管理系统成绩册中登记为完成

或未完成。不管怎样，把它作为一个快速检查的任务，以确保学生在观看授课小视频时认真地做笔记。

授课小视频能让原本文本内容繁多的课程变得更有趣和更有活力。但学生往往会看了一会儿之后就不看了，有时甚至只看几秒钟。就算他们播放了整个视频，很可能他们同时还在做饭、洗碗、叠衣服，或是进行其他一系列线上或线下的活动。通过让学生补全并提交部分完成的大纲或幻灯片来帮助他们积极参与到课程内容中。

也许你不太喜欢让学生打印这个主意，或者想为学生省钱，你可以让学生将部分完成的大纲复制粘贴到在线文档进行填写，然后将链接作为作业提交。或者建议他们不必将文件打印出来，而是把要点抄到活页笔记本上，再填写其他内容，然后拍照提交作业。只需要一点点努力和创造力，你就可以为学生提供一个足够的组织框架，帮助他们自己找到概念之间的联系。

● 嵌入概念图

《如何设计教学细节》中的另一个想法是利用概念图的力量。"关于概念图（有时也称为思维导图）的使用，已有大量文献，"詹姆斯写道，"它是一种快速而简单的方法，能帮助学生将课程中关键概念的组织形象化。"他建议让学生在线上课程或模块中的不同阶段制作概念图，帮助他们把学习和处理新信息过程时在头脑中形成的联系建立并展示出来。卡内基梅隆大学埃伯里卓越教学与教学创新中心的研究表明：

让学生创建概念图可以让你深入了解他们如何组织和展

现知识。这是一个有用的策略，既可以用来了解学生在刚加入项目或课程时的已有知识，也可以评估他们在课程学习期间新掌握的知识。

这种对学生知识掌握情况的形象化展示既可以清楚地显示出他们有哪些知识没掌握好，也可以看到他们创造性的联想。

在第一章中，我建议大家在课程一开始就做一些与期末项目相关的活动，现在我们来讨论一下如何把那个策略与这个策略联系起来（你明白那个策略的意义了吗？）。建议你让学生在第一周制作一个概念图，讲述对期末研究论文或演讲的想法。学生可以用免费的概念图软件制作并提交链接或PDF文件；也可以让他们把概念图画在纸上，然后拍照提交；还可以用彩色便笺在白板或海报板上制作概念图，并拍照提交成品图。更好的方式是让学生自己选择用哪种形式来制作概念图。让学生选择自己喜欢的媒介可以建立自主权从而激发他们的创造力。既然我们想让学生建立并发掘知识间的新联系，就应该想方设法促成这个创造的过程。

让学生在第一周就生成对研究项目的想法和可能的主题，是帮助他们了解课程整体设计或结果的一个很好的方法（更多信息，请参阅第一章）。让学生以这种形式提交他们的早期思考，可能比要求提交正式的开题报告有趣得多。你可以之后再布置一份书面开题报告，但首先要帮助学生产生想法，概念图对此会有很大帮助。

这只是利用概念图进行线上轻教学的一个例子。对于将概念图融入线上课程的其他方式，我能做一份完整的概念图进行汇总。有时我会拍下自己在白板或稿纸上草草制作的课程内容相关概念图，传到网上。通过这种方式让学生看到我的思考，可以让他们了解我作为该领域的专家是如何联结和组织概念的。

你也可以在模块学习结束时让学生制作一个概念图，以展示他们对关键思想的新理解。我认识的一位生物学教授，为学生制作了一份关于膜转运等过程的部分完成的概念图，为学生提供一些组织结构和信息，学生则在这个主题的学习过程中在图上填写缺失的元素，在空白的椭圆和方框中填写信息。然后这位同事在考试前把完整准确的概念图给学生，以便他们检查自己的学习情况。这是一个很好的方法，能帮助学生构建自己的理解，同时确保他们在模块测试前能获得正确的信息进行学习。

关于如何在线上课程中运用概念图，你思考的越多就越能看到这些有用的轻教学工具的作用。你完全可以通过让学生构建知识联系来帮助线上学习者了解关键主题和概念是如何与课程关联起来的。

● 将学习与个人经历、兴趣和目标联系起来

这个策略是一种很好的方法，可以帮助学生找到课堂与自身的相关性，从而更有动力参与课程。桑德拉·麦奎尔在《教学生如何学习》中描述了让学生自己建立联系以理解新信息的重要性：

> 我们不必为他们建立联系，而且实际上这样会更好。我们可以提及一个概念，就像扔出去一个球一样，然后问："这让你想起了日常生活中的什么经历？"当学生作出回应时，就会想到最精彩的例子和想法，这不仅能让他们有效学习并掌握概念，而且也让他们找到了最有效的学习途径。

正如麦奎尔指出的，这种方法让每个学生都能将新信息与已有知识和个人兴趣联系起来。其结果是激发学生个性化的学习，以及高效掌握课程内容的能力。

线上学习的一个好处是学生可以访问互联网资源和工具。学生上课时已经在上网了。鼓励他们探索网络，不局限于课程内容，把课程内容与个人生活及未来职业生活联系起来，构建自己的作品。

前面我讲过在一年级研讨课上，将电影和文学主题与当前校园、地方、国家和全球事件联系起来。我也鼓励学生将所学知识应用到他们的个人生活中。例如，我让他们思考作为大学新生的经历，第一次离开家，这种经历和哈利·波特在霍格沃茨第一年的经历之间有什么相似之处呢？我们能从他的不确定感中学到什么？从他的归属感，或者缺乏归属感中学到什么？从他与朋友、敌人或教授的互动中学到什么？什么时候我们需要像哈利·波特那样鼓起勇气？如何做到呢？

线上课程让我们可以帮助学生认识到，他们在课堂上所学的并不仅仅局限于学习管理系统中那些有限的课程内容。利用互联网上丰富的资源，让学生发现课程内容可以应用于现实世界、个人生活、其他课程，也可以用来实现长期的学术和职业目标。以下是一些实践方法。

- 在我的线上研究生计算机技术课中，学生每周要提供两个与本周主题相关的流行资源。在线新闻、博客文章、讲授视频和信息图表都可以。他们在在线文档中发布这些内容，并用一两句话解释他们为什么觉得这些内容有趣，又是如何与技术学习相关的。这一方法几乎适用于任何学科。世界上发生的什么事与你的学科有关？让学生找一些相关的新闻故事或其他内容，并在讨论帖子、博客或日志中分享。

让他们讲述在将关键概念应用到个人兴趣和活动中时，为什么这一点会特别引起他们的共鸣。

- 让学生利用自己的技术手段，随时随地参与各种活动，充分利用网络学习的便利。如果不局限于有限的教室空间，学生能做什么？在我的计算机技术课上，学生可以对自己职业道路上的某位领导者、某个在工作中很成功的人和熟练使用技术的人进行拍摄。你可能无法把所有这些专家都请进你的教室，但是当没有空间限制的时候，机会是无限的。

- 我认识的一位理疗教授让他的博士生在社交媒体上关注该领域的顶尖专家。通过这种方式，学生可以了解未来职业领域的最新信息和发展。如果他们去和这些专家互动，还可能形成未来个人学习网络（PLN）的基础。

一旦你开始看到将互联网和更广阔的世界应用于课堂的可能性，你将发现无尽的方法来帮助学生将课堂概念与现实生活联系起来。

● 让学生建立个人学习网络

我们在学习和成长中都会使用个人学习网络，只是可能没有采用这个确切的名称。例如，当你对智能手机领域的最新发展感到好奇时，你会和谁交谈？如果你不确定如何处理家里的害虫问题，你会问谁？如果你考虑配一个智能家居助手，你会去哪里了解情况？为了了解教育技术的最新创新，你在社交媒体上关注过哪些人或组织？如果你进行过上述这些活动，你就是在利用个人学习网络。

我看到了帮助学生在课堂外建立联系的价值，所以我们积极地在计算机技术课上发展个人学习网络。众所周知，技术正在迅速变化，如果我们想跟上在工作和生活中使用的最新技术，就要保持学习。我在线上课程中正式阐述了这一理念，首先让学生了解个人学习网络是什么、为什么它对终身学习很重要（终身学习在21世纪的个人发展中至关重要）。然后，在接下来的几个星期，我的学生积极地寻找同事、专家、朋友和家人，让他们成为自己学习网络的一部分。

高等教育思想先驱伯纳德·布尔在2013年的一篇博客文章《帮助学生发展个人学习网络》中阐述了个人学习网络的价值。他建议采用"个人学习网络的理念，结合自主学习的承诺和可能性，并开始思考我们应该如何授权和鼓励学生培养自己的个人学习网络"。布尔认为鼓励学生与自己的个人学习网络互动可以帮助他们发展自主学习的能力，我觉得这很有趣，因为它强调了帮助学生成长为终身学习者的价值。

事实上，这正是我班上建立个人学习网络作业的名称。学生每周写下"终身学习日志（日记）"来讲述他们采取了什么行动来确立和扩展个人学习网络。他们写到了自己如何与领英上的人联系，如何与工作中的主管建立一个结构化的导师关系，如何参加当地政客的竞选集会，以探索公共服务。当他们发现课程与学习管理系统之外的世界有越来越多的联系时，就会以惊人的新方式进行学习。

布尔的博客提到很多教师用来帮助学生与自己的个人学习网络进行互动的方法。例如：

- 制作自己的个人学习网络概念图并分享给学生；
- 要求学生自己制作概念图来描述自己的个人学习网络；
- 布置任务，要求学生在自己的个人学习网络中建立新的联系人或向现有联系人寻求帮助。

以上任何一个想法都是简单的方法，却能有效帮助学生发展自己的个人学习网络，并让他们看到其价值，这样做能促进他们成长为终身学习者。

准 则

培养学生的终身学习能力

正如詹姆斯在《如何设计教学细节》中所写："建立知识间联系的练习把你对学科知识的专业理解和学生的初步理解联结起来了。"我要补充的是，将课程材料和他们的日常经验联系起来，也可以提高知识的价值、促成深入学习、丰富学生的理解。让学生从更宏观的角度理解重要知识点可以让他们形成更广阔的知识网络，帮助他们在这一学科变得更专业。

● 利用先前经验

为了让学生为新课程或新主题做好准备，让他们想想自己对该主题的了解以及他们认为自己知道的东西。确定哪些方面是全班都已经很了解的，指出全班同学所知甚少或存在误解的概念。让学生看到他们对该主题的已有知识如何促进新知识的学习。然后，在整个模块或课程中穿插提及学生的贡献。调整授课内容，提醒学生特别注意与大家的理解存在差距的话题。将课程内容情境化到学生的参考框架内，帮助他们看到学习的价值。

● 提供组织结构

正如我们所见，初学者缺乏理解概念相互关系的框架。给学生一个组织结构能帮助他们将新知识与已有知识进行分类和连接。建立组织和储存重点知识的能力，帮助他们找到本周学习的概念与上上周所学概念之间的联系。为学生指明这些联系，让他们学习自己建立联系。

● 开发（超出预期的）联系

帮助学生找到课程内容与许多其他事物（特别是意想不到的事物）之间的联系，这样能以独特的方式激发和吸引学生。我们绝对应该帮助学生将新知识与前面模块中的内容联系起来。但如果只是做这些，我们就错过了帮助学生将新知识的学习置于他们现有的经验中的一个重要机会。当今社会需要批判性和创造性的思考者，帮助学生将概念与他们在其他课程中所学的东西、他们在工作中的经历、新闻中发生的事件联系起来就是培养这种人才的最好方法。引导学生发现课堂内容如何延伸到课堂之外，你将培养他们的终身分析、综合和创造能力。

即学即用小贴士

激励学生挖掘更多知识信息速成模板

因为学生缺乏你这一学科的专业知识，他们不会自然地看到概念是如何联系和组合在一起的。他们可能习惯于把课堂看作信息的筒仓，所以没有意识到在你的课堂上学到的东西与其他经历是有联系的。当我们帮助学生建立这些联系时，也帮助他们在所学的东西中发现了更多的意义和价值。激励学生参与，学生将学会以强大的新方法来处理、组织新知识并与之互动。

- 让学生参加一个简短的预测试，讲述自己对该学科的了解，以激活已有知识。学生提交了此测验或作业后才能学习课程或模块的剩余内容。

- 给学生一份部分完成的大纲或幻灯片，让他们打印出来并填写缺失信息。学生可以上传完成笔记的照片以提交作业。

- 布置概念图作业，帮助学生了解知识之间的联系。让学生自由选择是用网络工具还是笔纸制作概念图。如果用网络工具，就直接提交链接；如果是纸质版，就拍照上传。

- 利用在线学习的优势，将学习扩展到课程之外。例如，可以让学生收集整理在线文章或博客文章，探索课堂概念与课外世界的联系。他们可以把内容发布在谷歌文档、讨论论坛或日志上，作为学习的知识库。

- 让学生建立个人学习网络。帮助学生认识到培养人际网络和知识来源对指导和拓展学习向前发展的重要作用。

小 结

我的生物学教授朋友，就是那位给学生布置部分完成的概念图的老师，在不久前又尝试了一些新东西。在她的通识教育课中，学生常常很难理解像细胞核的结构和功能这样的主题之间的相关性。他们不感兴趣也不参与。但是去年八月，她做了一个活动，介绍主要的课程主题，并解释了每一个主题是如何让我们活下去的。她把第一天的活动称为"死亡方式"。在讨论她安排的这项活动时，她告诉了我，如果丧失某项功能，我会怎么死去。这就是为什么即便其他程序都正常运转，没有这项功能你还是会死。例如，她告诉我，在大峡谷，尽管人们有足够的水，但因为他们吃得不够，就会死于低钠血症——通过汗水流失的电解质无法得到补充，在没有盐的情况下，膜转运运转不了。

我的朋友觉得将看似枯燥的生物过程与对死亡的无穷好奇联系起来，会引起学生们的兴趣和注意。她是对的。我观摩了她的第一节课，亲眼看到当她请一年级学生分组讨论死亡方式时，学生都感到很震惊。他们不敢相信这是一个真正的课堂任务。我发现特别有趣的是，在人数众多的班级里，没有一个学生在网上搜索相关答案，尽管她没有禁止大家这么做。相反，他们直接与身边的同学一起投入到这项任务中，一刻之前完全陌生的人现在成了有动力的伙伴，一起研究各种细胞功能对于生死的重要性。这项活动为整个学期以学生为中心的有趣而有吸引力的教学法奠定了基调。这是一次非凡的成功。

帮助学习者将课程内容——我们的热情所在——与他们感兴趣的主题、他们以前的经验、他们已经学到的知识联系起来，一定会增强学生的学习动机，因为他们在所学知识中发现了更多价值。这么做的结果就是让所有人经历更丰富、更投入的学习。

第九章

有目的地增进线上教师的价值

引 言

从新手到卓越：教师如何保持职业激情和持续发展

我是误打误撞进入大学教育这一行的。刚进入大学报英语专业时，我并不想教书，因为我知道教书有很多作业要批改。

大学毕业后，我丈夫马上从学生兼职工作转为全职员工，我们近期都不会搬去其他任何地方。他的新职位可以提供高额学费减免，于是我申请了英国文学硕士学位，想着多学点东西总是没有什么坏处的。

在得知我打算攻读硕士学位时，一位本科生导师鼓励我申请研究生助教。我一时兴起就申请了，当时的全部想法就是：似乎所有好学生——那些对待学习严肃认真的学生——都会申请研究生助教，因为所有优秀的学生都这么做了，于是我也做了。

虽然我从未打算教书，却无意发现了自己对教学的热情。当初之所以选择英语专业，是因为我觉得无论从事什么职业，从英语中学到的阅读、思想和写作的能力都会对我有所帮助。事实上，这也成为我英语教学的指导原则。无论过着什么样的生活，阅读能力、批判性思维和有效的沟通技巧都是必不可少的。这些最重要的价值观塑造了我的课程设计、我与学生的互动方式，以及我的教学特色。

像很多老师一样，我喜欢在教室里教学。教学使我精力充沛，构成我一天中最美好的时光。然而，大约十年前，我接到一个在线英语课程的教学任务。我觉得自己可能不喜欢在网上教学，但我一时兴起，决定试一试。毕竟线上学习似乎有增长的趋势，我想走在潮流的前面，所以我决定教一节课，看看怎么样。

结果我惊讶地发现自己真的很喜欢线上教学。就像对于线上教学感兴趣的你们一样，我也很欣赏它的灵活性：可以在家里、当地的咖啡馆或国外随时随地教学。我最终全面转移到线上教学，这样就可以在家陪着年幼的女儿，这让我受益良多，觉得很值得——更不用说我比预想的更加享受与学生的线上互动。

最终，经历了十七年的面授和线上教学后，我想做出一些改变。我的线上教学实践已经磨炼成了一门艺术，但仍然存在太多作业要批改的情况，正如我在本科学习时所想的那样。于是我又突发奇想（我似乎总是在突发奇想中做出了很多改变人生的决定。哈哈，请叫我冒险家），参加了一个教师职业发展研讨会，主题是教学设计和高质量的线上教学。在那两天的学习过程中，我找到了自己的新兴趣：有效的学习设计和教学实践。

这一发现促使我改行。六个月后，我已经在为各个学科的教师提供线上教学和面授课的支持。担任教学设计师这一新角色的几个星期后，一天，我正在与教育学院的一位教员商讨课程。她刚来我们学

校，分配给她的课程与她的研究重点和专业领域不符，所以她不太感兴趣，她对我说："你真的应该教这门课，你比我更有资格担任这门课的教学。"

虽然我也是才改行做教学设计师不久，但这位同事并不知道。我们商讨到的课程是《大学课堂上的教育技术》。她觉得自己不能胜任这门课的教学，也没有什么热情，但我呢？单凭我的头衔，她认为我有能力将自己宝贵的专业经验教授给学生。教授一门对我来说全新的学科激发了我的冒险精神。我很感兴趣。

于是学校将这门课程分配给了我，并要求我更新它。我接受了，却不知道如何入手。我曾是一名英语老师，教文学，写作，批判性思维和论证，我对大学课堂上的教育技术能了解多少？

事实上，很多。

然而，要想把它从我大脑中隐藏的深处挖掘出来，却花了不少功夫。开发和教授这个课程是我职业生涯中最大的挑战之一，但我很投入、很努力地去设计和思考，竭尽所能创建了一个线上教学示范课，呈现了课程设计和教学上的最佳实践。

我在这个过程中得到了很多帮助。最终的课程展现了我几个同事的最佳想法，借鉴了该领域的开创性研究，有目的且创新性地使用了技术工具。我曾经已对线上作文课教学感到厌倦，现在却又重燃激情。

在这本书中我曾讲到了教育技术课程的演变。为了满足新定义的学生群体的需求，它后来改为现在的《计算机技术与领导力》课。这又是一个延伸的过程，它不仅让我深入地投入到教学中，还让我收获了同事们的宝贵付出与支持。我为这门新课程感到骄傲。

作为线上教师，我们会很容易脱离教学。失去了在教室里感受到的那种实实在在体力上的付出，我们会松懈下来，不会把全部精力投入到线上教学中。那我们能做什么呢？怎样才能积极地提醒自己所做的事情的价值？如何确保不会忽视学生的学习体验？我们平时都要求学生保持自我意识、分析自己的表现并努力做到更好，那么，如何确保我们自己在教学中保持自我意识、分析教学表现、努力进行改进呢？

相关理论

努力改进线上教学：避免职业倦怠，主动跟上发展

后文的教学模式是针对线上教师如何成长和提高的建议，我希望你有足够的动力，不需要太多的理论依据去做到这一点。毕竟，大多数教师都是出于热情，而不是为了高薪而教学的。但我还是想举两个例子来说明为什么你应该努力去改进线上教学。

第一个论点要讲到的是对世界各地、各个层次、各种教学形式的教师都会产生危害的一个问题：倦怠。虽然你可能是因为对自己学科的热爱而进入学术领域，然后因为渴望与他人分享这种热情而成为一名教师，但正如上文所述，你可能没有直接涉足线上教学。你可能会发现自己在好奇心或经验的驱使下，或是因为经济需要而被推上了这条路，也可能是你所在的机构迫使你开始线上教学，不管是哪一种情况，你很有可能没有把线上教育视为你一生的工作，至少刚开始没有。

教学也是一个极具挑战性的职业，而线上教学又有其独特的困难。一方面你很有可能是偶然进入线上教学，另一方面又面临着重重挑战，两方面结合在一起很容易造成倦怠。大家凭直觉就能想象到，筋疲力尽的教师在教学上肯定做不好，研究也证明了这一点。职业倦怠还会

对老师自身的幸福产生负面影响，进而对课程和学生产生连锁反应。

埃德娜·穆鲁根和努拉·巴达维在一篇专门帮助线上教师避免职业倦怠的文章中指出，"教学活力"是一种核心策略，它可以帮助你缓解倦怠感，让你投入到线上教师的工作中。例如，他们建议线上教师"召集一位线上教师一起讨论课程或教学策略"。可以找在同一所学校任教或住在同一栋楼的教师，从他们那里学到一个好的教学理念，这会让你立刻感到精神振奋，迫不及待想回到教室里去尝试一下。作为一名线上教师，你必须更加刻意地在教学过程中创造这种激动人心的时刻，为你的教学注入新的活力。与其他老师交谈，探索新资源，建立个人学习网络，所有这些策略都会有帮助。

线上教师必须不断成长和探索的第二个也是最基本的论点是，这个领域的教学和研究尚很年轻，而且在快速发展中。对于面对面教学的各个方面，几乎都有几十、几百甚至上千名研究者进行了研究和分析。在这类实验研究兴起之前，数千年来，聪明的思想家和教育家也曾思考和讨论如何教育人类，比如亚里士多德，他在其著作中写到了在实践中学习的必要性，如主动学习。从那以后我们一直在谈论主动学习。然而，在这数千年的大部分时间里，这种讨论都集中在面对面的教学上。

我们却没有太多时间去研究现有的教育方法是如何转而应用于网络教育与学习的，也没有去开发能拿来分析和辩论的新教学方法。我们认为线上教学是一个需要兴趣和激情的事业，希望你也这么看：关于线上教育和学习的许多内容仍有待发现，每个人都可能为这个领域的知识做出贡献。在任何情况下，这些潜在的发现会对你特定的教学环境产生影响。采取一些适当的措施来跟上线上教学的新发展，将帮助你为学生提供最有效的学习策略。

教学模式

如何让线上教学充满激励性和乐趣

作为一名线上教师，保持进步是非常重要的，这样才能避免停滞不前。也许是因为线上教师无法体验到实体教室中集体的能量，所以会很容易懒惰下来，不怎么花心力去设计课程，不经意间，教学热情就会慢慢减退。但线上教学也是可以保持新鲜感的。我们可以不断寻找方法让线上教学充满激励性和乐趣。以下一些简单策略可以帮助我们保持挑战性，保持灵感，并在工作中找到满足感。

● 学习一门线上课程

和书中其他一些策略一样，这一策略可能简单到你根本想不到，但它也许是改进线上教学的最有效的方法，即自己学习一门线上课程。看看作为一个线上学习环境中的学生感觉如何。通过这种方式，你会从教学内容中抽离出来，更多去了解整个线上教学及你想对线上教学做出的改变。

最近，我有机会在一个对我来说完全陌生的课堂环境中体验学生的经历：大讲堂。在一个主动学习重新设计的重大项目中，我在秋季学期开学时和240名新生一起参加了生物课程，我被深深吸引住了。我自己的面授课都是研讨班式的课堂，最多25名学生。和这么多充满疑虑的新生在一个讲堂里对我来说是一种新的经历，同时也让人觉得有点不舒服。虽然我只是在那里做课堂观察，但还是注意到了自己同一群十八九岁的孩子坐在教室后面的经历。

通过某种能量渗透，我感受到了他们的焦虑。这正是秋季学期的第一天。我们不知道课堂上会发生什么，听不清在讲堂前面的老师说话，投影屏幕上的字看得也不是很清楚，我们也不确定在大学的第一个学期，是否能够在这门富有挑战性的课程中取得成功，不知道我们是否属于这里。房间里的大多数人都很紧张、焦虑、害怕。

我可以想象自己的线上学生可能也经历着同样的感觉。在创建线上课程时，我们十分熟悉课程内容在课程网站上的位置，在我们看来，整个课程的组织、引导和说明相当清晰。我们知道什么时候打算和学生交流或者给他们的作业打分，所以完全不必担心。但是，一旦交换角色，当我们成为线上学生，处于一个不是由自己设计的线上环境中时，感受会完全不同。

我们可能会瞬间对课程的布局感到困惑。我们可能不了解评分系统，不知道在哪里提交作业，也不知道考试何时开放，提了问题，等待老师的答复，却不知何时能收到回复，甚至不知道老师是否会回复。自己参与线上课程的学习时，我们会感到万分焦虑。这样做可以激励我们改进自己的线上教学方法。

参加在线课程的途径有很多，找一个对个人或职业发展有帮助的课程。你会学习到一些值得尝试的新事物，也会学到在线上教学中应该避免什么。

几个月前，我丈夫上了一门在线研究生课程。他不太喜欢这次线上学习经历，因为老师对教学并不是很投入。但他从缺乏指导老师的经历中学到了一个重要的教训。这学期，他承担了当地一所社区大学的一门在线课程教学，他比自己上那门课之前更加积极主动，经常参与课程，对学生的提问更加有耐心，更加会激励学生。总之，他对线上学习者有了更多的同理心，也由此转变了自己的线上教学。

在理想的情况下，线上课程的学习不会给你带来什么糟糕的体验。但我敢打赌你会在某些方面大开眼界，你可能会找到灵感想要尝试一些新事物或进行一些教学上的改进，这一定会帮助你在线上教学中有所成长。

● 寻找榜样

1989 年的电影《死亡诗社》激励了无数的教师努力追求由罗宾·威廉姆斯饰演的约翰·基廷一角进行的卓越教学。大家一定都无法忘记在基廷离开时，他的学生们站在桌面上宣布忠诚的动人场景。每一位老师都梦想着从一个被教化的学生嘴里听道，"啊，船长，我的船长"。

然而，好莱坞电影没有描绘过鼓舞人心的线上教授，我们必须回到现实生活中去寻找榜样。幸运的是，只需投入一些时间和精力，我们是可以找到这样的榜样的。

如前所述，我们需要有意识地去学习优秀的线上教师所使用的方法。你不太可能在走廊上碰见同事，然后开始探讨线上教学方法，而是可能去交谈当天课堂上发生的事情。不过，你可以采取许多小行动来发现可供仿效的线上教学方法。以下可供大家考虑：

- 抽时间参加你所在机构的教师专业发展研讨会、书籍讨论会或学习社区。许多学校提供远程学习机会，如网络研讨会。作为一个经验丰富的这类活动的参与者，我可以告诉你，与那些和你一样进行线上教学的其他学科同事进行沟通是相当有价值的。

● 询问你的系主任是否可以去观摩你所在单位优秀导师的在线课程。注意他们教学时的细节，如课程的组织，教师如何与学生互动，他们在课程中的出现频率。看看哪些可以借鉴到自己的教学方法中。

● 参观你所在机构的教学中心。询问是否有你可以探索的线上课程案例。许多机构会展示一系列学科的课程，帮助老师了解不同学科领域的不同教学方法。

● 在网络上寻找灵感。网上丰富的资源提供了基于证据的实践策略，并通过实际课程举例说明如何去操作。

付出一点努力，你就可以找到许多方法来扩展线上教学方法。通过寻求灵感来防止停滞。幸运的是，即便没有好莱坞电影中的典范，也有很多方法可以促进自己成长。

● 建立自我效能

这本书要阐述的一大原则是，你可以对线上教学进行微小的、循序渐进的改变，进而对学生的学习和成功产生巨大的影响。我想放慢脚步，在这里强调一下这个想法。我和新手线上教师进行过无数次交谈，他们都认为自己必须在一开始就做到完美，这一想法一定会让你的线上课堂出现重大问题。

我们在前文中讲过如何帮助学生在处理更复杂的任务之前先对简单的任务产生信心。而老师也可以用同样的方式来构建自己的学习和发展。

在这本书最后一章，让我们提醒自己，要一步一个脚印地提高自己的线上教学。找出线上课堂教学中遇到的一个挑战。认真考虑一下什么时候要解决这个问题，下周，还是下学期？然后在前面的章节中选择一种方法，帮助你以自己——不是你同事或者你的教学设计师，而是你自己——能够掌控的方式来解决这一问题。

几年前，一个朋友告诉我，她曾经通过一次改变一种饮食的方式减肥成功。前提很简单：从你的营养习惯中挑出一个来改变，需要坚持改变一个星期。也许是把三明治里的土豆片换成胡萝卜，也许是在下午茶时间吃香蕉而不是巧克力饼。不管是什么变化，保持一个星期，然后再改变另一个习惯。

线上教学中也可以借鉴这一方法。先做出一个改变，开发一个你能维持的新做法，将它做好。下学期再做另一个改变。

在考虑采用哪种新策略时，不要太贪心。如果某个策略让你觉得望而生畏，那就不是一个好策略。如果你感觉无法自信地使用技术工具，那就不要用。如果你执意要做，只会给自己带来压力，损害你在线上学生中的信誉。

相反，选择一个你觉得有把握的可掌控的策略。比如如果你想增加自己在线上课堂的出现率，不必每天八小时、每周五天都在线，而可以每周安排三十分钟在讨论区发帖。

如果想学着用视频来让课堂更有吸引力，不必一开始就每周录制授课小视频，可以先试着录制一个简短的欢迎加入课程的视频，如果进展顺利，可以在课程进展过程中尝试录制一些视频公告。渐渐地你将能够录制一套完整的授课视频，但首先要练习自己录制两分钟的非正式信息，建立起自信后再去处理更大的任务。

从文献中我们知道，当一项任务太具有挑战性时，学习者会感到沮丧并想要放弃。把一个复杂的任务分解成可掌控的部分会使它更可行。然而，许多教师忽视了在自己的线上教师职业发展中应用这种思想。不要想着在下一节线上课中直接攀登珠穆朗玛峰，这只会打击你的热情。先越过一座小山，再把目光投向下一座稍微高一点的山，不断攀爬。

● 将课程设计和教学进行认证以保证质量

近年来，线上课程质量的概念发展势头迅猛。我个人认为，线上学习领域扩展得如此之快，以至于，至少在最初，很少有人关注如何创建有效的、能够真正学到东西的线上课程。这也是为什么线上学习名声不好，也是为什么雇主对完全通过线上学习获得的能力持怀疑态度。这种看法正在改变，尽管十分缓慢。

但线上学习正在改变。现在有各种各样完全基于研究的课程质量评估标准，可以帮助课程开发人员和教师来设计和教授有效、严格的线上课程。线上教师成长的下一步，就是对课程进行质量认证。

目前美国最主要的两个评估准则是QM（Quality Matters）高等教育评估准则和OSCQR，人们亲切地称之为"Oscar"，即纽约州立大学（State University of New York）公开课程质量评估准则。一些学校也制定了内部质量检查表或标准。如果你的学校目前没有推行这一理念，你也可以将QM或OSCQR评估量表作为个人使用。

进行质量认证可以从许多方面提高你的线上教学。你可能会进行一些专业上的发展以成功达到标准。正如我在本章前面所说的，只要在课程设计质量研讨会上花些时间争取机会与其他线上教师交谈，就能提高你的实践能力。但是这些准则或检查表也能为你提供一个系统的结构，让你去考虑以前可能没有仔细研究过的设计元素。

正如我在本书前面提到的，我们对自己的线上课程了如指掌，理解每个组成部分背后的逻辑和设计思路。而高质量的评价标准能帮助我们从学生的角度来考量课程。这一观察角度的变化能让我们看到从未发觉的课程设计中的差距或需要改进的地方。

即使你不需要进行实际的课程质量认证，QM和OSCQR评估准则也可以用于集中的自我评估。只要参照质量标准，你就可以对自己的线上课程进行诚实的评估，以加强学习者的体验。尽你所能做出（小）改进。

要清楚地说，这些标准中的大部分都是以设计质量为中心的，而不是你教得如何好。这两者有区别。课程设计包括在第一天上课之前你为创建和准备课程所做的一切。而课程设计的传递，或教学，是发生在课程进行过程中你与学生互动时的。许多线上课程质量标准只涉及课程的规划，而不是课堂教学。不过，在仔细考虑网络课程的设计时，你也为更好地教学设置了舞台。致力于质量认证展示出你承诺努力帮助学生在线上课程中取得成功。这种承诺肯定会以你教线上课程的方式来实现。

也就是说，你可能也希望批判性地检查你的线上教学实践。你所在的学校可能已经有一个评估线上教学的过程，但很多学校没有。为了解决这一差距，托马斯·J.托宾、B.让·曼德纳赫和安·H.泰勒在《评估线上教学》中提出应该制定线上教学评估过程和具体的操作建议。这些作者讲到了许多学校可能忽视线上教学评估的各种原因。例如，"网上教学的私人性、需要密码进入"让别的教师无法像直接走进教室观摩面授课堂那样进入线上课堂。

托宾和他的同事们指出了线上教学评估所独有的另一个挑战，那就是我们在这一过程中没有像在课堂上进行同行评估那样多的规范。通常情况下，当同事来听课时，他们听一节课，然后填写评估表或使用其他机制提供反馈。这几位作者提出："在网上，怎样才相当于听了同事的90分钟面授课？"在这里，托宾和他的同事想说的是，听课者可能会不知道"要看多少线上课程内容（例如一周或一个单元的材料和互动）"，因为"线上课程中'一节课'的概念没有什么意义"。显然，线上教学的同行评估需要一些创造性的方法，尤其是如果我们更习惯于观摩面授课的话。

然而，我们总是可以进行自我评估，而《评估线上教学》对此提供了有用的建议。形成性评价，即在课程进行期间收集学生的反馈，可以让你有机会调整自己的教学方法，这是特别有用的。

想知道怎样才能成为一个更好的线上教师吗？问你的学生吧。我觉得他们会让你知道的。作为回应，对你的教学实践做些小小的调整。你的学生会很感激你问了他们，并及时做出改变，让他们在你的课堂上享受到更好的学习体验。

准　则

有意识地去挑战自己

这一章的总体原则是有意识地去挑战自己，不断提升线上教学能力。想办法激发自己的热情以防自己对线上教学感到厌倦。

● 批判性地审查你的在线教学实践

许多老师是误打误撞进入了线上教学，或者是被迫开始线上教学。我觉得有很多教师认为自己的线上课程不如他们的面授课有效。我担心有些教师会得过且过，把线上课程视为一种负担，或者仅仅是一种补充收入的来源。这种态度对我们的学生是一种极大的伤害。接受成为一名优秀线上教师的挑战，履行自己的道德义务，帮助这些学习者取得成功、获得学位，并收获能促进其人生幸福的多种好处。批判性地思考如何改进自己的线上教学，你也会由此体会到更高的课堂参与度和满意度。

● 投资时间来成长

你很难在某个虚拟走廊里碰到一个线上老师，然后开始与他讨论你在线上教学中遇到的挑战和解决方案。这不会像现实世界中的平行经验那样自然地发生。然而，鉴于线上学习还是一种新生事物，更需要向拥有同样追求的人学习。既然这种学习的机会不会在不经意间出现，那就创造时间投资于你自己的发展。参加教师发展中心提供的研讨会和课程；请求观摩模范导师和课程，然后花点时间找到线上课堂上有效的教学方法。要知道学习的机会不会碰巧出现，要创造时间和空间来形成自己的线上教学实践。

● 努力使自己充满活力

学生很难在网络课堂上感受到人与人之间的能量。诚实地说，老师也一样。在实体教室中有一种召唤和回应的能量，一种我们和学生之间（希望如此）积极协作的真实感觉。这种能量在线上课堂上无法自然形成，但仍然有可能创造出来——只需要老师将它带入课堂。找到让自己保持挑战、灵感和动力的方法，寻找新的机会，努力保持进步，积极投入精力来提高在线教学技能，并把这种新的能量带进线上课堂。在线上课堂，你同样可以像在教室里一样积极带动课堂气氛，只是需要更积极的努力。

即学即用小贴士

收获职业满足感速成模板

线上学习已经成为高等教育的一个组成部分。如果你还没有尝试过线上教学，可能很快就要尝试了。抓住这一独特的机会，不仅要改进这种新的学习模式，而且要为新的多样化的学习者群体创造公平的学习机会。以下小策略会有所帮助。

- **参加一门在线课程，无论是修学分、个人兴趣还是职业发展。**想要改进在线教学实践，自己成为一个在线学习者是最好的方法。

- **寻找最佳教学模型和典范。**观看优秀的线上课程，或请求访问线上课程设计示范课。

- **先学会简单的教学技术，再增加难度。**为了避免疲于线上教学，**把战线拉长。**先做一个小小的改变，掌握它，下学期再尝试一些更冒险的东西。

我与一位同事兼朋友密切合作了几个月，帮助她为首次线上课程做准备。作为社会工作方面经验丰富的终身教职人员，她对自己的面对面教学技能很有信心。但线上教学对她来说是全新的领域。

我们花了几个星期的时间来修改她拿到的教学内容，把这些变成她自己特有的。整个过程中，我有很多机会在线上教学方法和最佳实践上给她指导。事实上，我在这些课程中提出的大部分建议都写在这本书里了。

我的同事也非常愿意接受我的指导，她以谦虚的态度倾听我的意见。她告诉我，因为她正在协调该系新的线上硕士课程，所以想尽可能多地了解线上教学的最佳实践。

然而，我的朋友也多次告诉我，她只打算教一次这个线上课程。这次之后，她一定会找其他人来教这个课程。就在我写这本书期间，她才刚开始一周的线上教学，我希望她会在这个新的挑战中找到一种职业满足感，然后改变主意，继续进行线上教学，在之后的每一门线上课程中进行学习并得到提升。我想时间会证明一切，但我仍然希望她能勇敢地迎接挑战。

无论是第一次进行线上教学还是第五次，我们都应该挑战自己，不断进步。我们应该寻求灵感，在这个值得追求的过程中不断看到其价值和目的。这样做将为这一发展中的领域做出贡献、帮助学生成功，并提升个人在这一事业中的满足感。

结　语

教学的最终目的是学生的终身成长

本书中大部分关于大学教学的例子和故事都来自我在北亚利桑那大学的经历。然而，就像许多线上教师一样，我也在附近的一个两年制机构埃斯特雷拉山社区学院兼职。在这种背景下的教学让我意识到对这些学习者进行投资的重要性，他们将成为明天的劳动者，他们想要更好的生活并愿意为之努力。为了激励我们继续追求卓越的线上教学，我想在最后分享两个社区学院的故事。

第一个故事极大地激励了我开始写这本书。正如我们所知，线上学习在过去的十年里呈指数级增长，而且还在继续增长。许多线上学习者只能通过线上学习的方式上大学课程。以前，这些线上学生中有一部分可能为了继续深造和改善职业前景而去上夜校。在无法以传统方式上大学的人口中，现在有更大比例的人参与线上学习。

我深信改进网络教育对这些学生十分重要，我想告诉你为什么。

大约三年前，我领导了一个QM线上课程评审，这是一个非营利的质量保证组织，致力于推广有效的线上课程。这次评审对象是一个

213

落后地区的一所乡村社区学院的英语作文课程。我的职责是领导评审，并向课程开发人员提供改进的反馈，在这个案例中，课程开发人员也是这门课的线上教师。QM强烈建议提供职业发展培训，以使课程创建者能够在审查前首先按照标准来设计课程。然而，满腔热情的学院领导一心希望通过课程质量管理认证，却把这一生遗漏了。

我看到的是一位善意的线上教授尽最大努力在帮助她的学生学习，不可否认，她有一颗金子般的心。但由于缺乏线上课程设计和教学上的充足准备，这门课程的质量严重低于标准。我觉得这所大学的学生，虽然很努力地追求上进，但很难通过这门课。学校和教师根本没有提供必要的支持来帮助他们取得成功。我可以想象到这所大学的其他线上课程也同样具有挑战性。那些无法通过课程的学生很可能会退学，放弃获得大学学位的梦想，同时也放弃了利用该学位创造更好生活的梦想。

我并不想专门批评一所学校。我赞扬任何努力改进其线上课程的机构，因为这项工作是必不可少的。那些努力提高线上教学水平的教师值得我们尊敬。这项工作会让人感到孤立和无助。但是，每当我想到那一小部分学生——他们也许没有达到在大学成功的标准，他们只希望能改善自己的状况——我就得到了迎接挑战的新活力。我们必须致力于帮助这些学习者取得成功，对他们来说，线上学习可能是他们唯一的选择。

激励我的另一个故事，就像本书中的许多其他故事一样，与线上学习没有明确的联系。但它和帮助我们的学习者，所有的学习者，实现他们的目标相关。

几个月前，我哥哥告诉我，一个聪明的年轻人最近加入了他的网

络工程团队。几年前，这个年轻人意识到，他那种游走于犯罪边缘的漫无目的的生活只会给他带来麻烦，于是他进入当地的社区学院学习。

这个学生本能地意识到自己需要额外的支持，于是去了计算机共享区，我的好朋友，当时是教学计算系主任，正在那里进行辅导。我的朋友帮助他改变了人生。这个孩子有需要的时候我朋友都会在，并且向他提供关怀。我哥哥想让我向这位朋友转达来自这个年轻人的感谢，感谢我朋友的关心和付出，帮助这个年轻人改变了自己。

虽然这种互动是在真实校园里发生的，但我们对线上学生的成功也能产生同样的影响。

希望你能和我一起努力，改进高等教育中的线上教学，以帮助尽可能多的人在他们的生活中得到这些好处。但我也不希望你望而生畏。所以就想想你这周的线上课程和现在的线上学生吧，想想明天你能做些什么来帮助他们成功吧。

也许你会发布一个两分钟的视频公告，告诉学生他们在课程中取得了多大的进步，以鼓励他们。也许你决定给选定的学生发电子邮件，并提出打一个简短的电话来为他们提供更多帮助。也许本周你会安排一些额外的时间在讨论区与学生互动，提出问题，表扬学生在讨论中做出的贡献，并强调主题或重要概念。如果你本周多抽出三十分钟来实施这些建议或本书中提出的任何其他建议，你就能影响学生学习新概念的能力。

再考虑下学期你要教的线上课程。为了帮助学生学习，你会对课程设计、教学活动或交流策略进行哪些小的修改？根据本书中的研究，有哪些小的调整是有必要的？

你可以通过添加一个"有条件的发布"预测试来激活学生的已有

知识，提交了该测试学生才能学习剩余的模块内容。你可以选择应用一种新的技术工具，如授课小视频来让学生参与到学习中。你还可以通过让学生自行选择作业主题和格式来提高他们的自主性。

最后，批判性地思考如何促进自己在这一领域的成长和发展，如何保持自己的教学动力。你打算如何评估自己在教学上的努力对学生产生的影响？你如何在自己工作的机构和更广泛的范围内为发展卓越的线上教学做出贡献？也许你会定期和同事们聚在一起讨论如何改进线上教学。也许你会写些文章并发表、展示出来。是时候提升自己，同时也帮助别人提升了。为了我们日益多样化的线上学生群体，在将自己的专业学习放在首位的同时，也不要忘了与我们分享你的发现。

说了这么多，还是回过头来，把注意力集中在此时此地吧。今天就要上线上课了，而你目前的学生希望并需要获得你的指导和专业知识。当你放下这本书并登录线上课堂时，考虑一下：你将如何开始？